esenciales

Uwe G. Seebacher
Julián Garritz

Marketing esencial para B2B

Cómo convertir el departamento de marketing de un factor de costos en un motor de ventas

Uwe Seebacher
Austria

Julián Garritz
Spain

Lo que puede encontrar en este *Essential*

- Una introducción a la situación actual y a la importancia del marketing B2B
- Varias definiciones concisas de los términos relevantes al marketing B2B
- Una herramienta para el análisis de la posición del marketing B2B en una organización
- Un modelo de procesos para el desarrollo y la optimización del marketing B2B en una empresa industrial
- La posición actual del marketing B2B basada en el Marketing Readiness Studie 2020
- La revisión rápida para una autoevaluación con la que es posible determinar su propia posición en el marketing, así como una comparación con el promedio de la industria
- Breve presentación de diversas plantillas e instrumentos que han sido probados y que son útiles para el desarrollo y optimización del marketing B2B
- Perspectivas de desarrollo del marketing B2B
- Muchos otros enlaces a artículos y fuentes para profundizar en el contenido de este *Essential*

Prólogo

La dinámica de transformación del mercado es vertiginosa actualmente. Toda la industria está en un constante estado de cambio. La crisis de COVID-19 ha causado una enorme presión para el uso de los medios sociales y muchos avances tendrán lugar ahora mucho más rápido de lo que uno podría haber esperado. Este entorno desafiante no se detiene en el área del marketing de bienes industriales, que hasta ahora había permanecido bastante somnolienta.

En este contexto, la demanda de literatura especializada en el campo del marketing B2B es inmensa, por lo que nació la idea de aportar al mercado información rápida y compacta en la forma de este Marketing Essential. Este libro ofrece en unas cincuenta páginas la introducción perfecta, pero también una actualización compacta para el área de marketing de productos industriales. En el libro presento todos los términos importantes y relevantes y los explico brevemente. Sobre esta base, presento el Modelo de Madurez del Marketing, que muestra cómo un departamento de marketing B2B puede y debe desarrollarse para contribuir significativamente en el éxito de las empresas a largo plazo. El instrumento de autoevaluación en la preparación para el marketing (MRA por sus siglas en inglés Marketing Readiness Self Assesment) que se encuentra al final de este Essential le ayudará a analizar su propio departamento de marketing en términos de su nivel de madurez y a compararlo con los datos actuales de la industria y los negocios evaluados en mayo de 2020. Con esta Evaluación Rápida sabrá inmediatamente dónde está parado y por dónde debe empezar.

Este libro pretende cumplir tres funciones básicas esenciales:

1. La comercialización de productos industriales es un tema complejo. Los gerentes de marketing B2B se enfrentan a grandes retos en el entorno de las organizaciones; principalmente la necesidad de contar con técnicas específicas para poder diseñar y cumplir las cada vez más importantes funciones de marketing sin fricciones con otras áreas, con la administración o con los consejos de administración. En la mayoría de los casos, las numerosas resistencias provienen de los propios colegas de otros departamentos y áreas. Este libro pretende proporcionarle herramientas para implementar un marketing B2B proactivo y sostenible orientado a las ventas en empresas de cualquier tamaño. A través de instrucciones claras, recomendaciones y consejos informativos, debería ayudarle a reponerse después de cada revés y encuentro frustrado y a no admitir la derrota. A largo plazo, los directores de marketing B2B estarán en la dirección del éxito,

porque no hay mejor momento para estar en el marketing B2B que ahora, como expresó Joel Harrison en su podcast sobre la Guía de Marketing B2B[1].

2. Siempre debería recordar que el cambio comienza consigo mismo. Si hoy señala con el dedo a una tercera persona, como se hace a menudo cuando se acusa a otros de algo, es posible observar que un dedo señala a la otra persona y tres dedos señalan a uno mismo. ¡Empiece a repensar las cosas! Antes de exigir algo a los demás, haga sus deberes y dé el primer paso usted mismo. Demuestre que no rehúya del trabajo y del esfuerzo que implica esta transformación, sino que, por el contrario, trabaje proactivamente en su camino al éxito y en su desarrollo profesional. Dé el primer paso por cuenta propia. En el curso de este libro comprenderá lo que significa esto y a qué se refiere.

3. Debería mostrarle en poco tiempo cuál es su posición en términos del marketing. Con el MRA y el Modelo de madurez del marketing, debería mostrarle los aspectos y pasos necesarios, así como los obstáculos más comunes en el camino hacia el Marketing de Ganancias Predecibles.

Quisiera dar las gracias a mis numerosos colegas y compañeros que, con su labor fundamental y numerosos debates, han contribuido a que ahora estemos en condiciones de publicar un documento tan esencial para el marketing como un condensado para una comercialización B2B de éxito sostenible. Me gustaría dar las gracias a los siguientes profesionales: Alex Cairns, Amy Edmondson, Thomas Geiger, Klara Gölles, Fabienne Halb, Joel Harrison, Miro Negovan, Vera Müllner, Peter O'Neill, Mariana Romero-Palma, Lukas Strohmeier, Susanne Trautmann, a todo el equipo de la editorial Springer Gabler Verlag y especialmente a mi querido padre, que siempre ha estado a mi lado con su fina pluma y su perfecta edición. ¡Muchas gracias!

Uwe Seebacher, septiembre de 2020

---

[1] https://open.spotify.com/show/5I0x8tv0fPuRbZWl8V4bE8. Obtenido en línea el 16 de mayo de 2020.

Tabla de contenidos

Uwe Seebacher, que tiene un doctorado en economía y administración de empresas, dirige las actividades de marketing, comunicación, estrategia y análisis a nivel mundial de una división global de un grupo industrial internacional con sede en Graz (Austria).

Uwe Seebacher tiene más de 25 años de experiencia en las industrias manufacturera, energética y de servicios, con un historial internacional en marketing y comunicación estratégica y operativa, así como en desarrollo organizacional. Es profesor en numerosas escuelas de negocios y universidades de renombre y ha escrito artículos en muchas de las principales publicaciones de gestión, como "B2B Marketing - A Guidebook for the Classroom to the Boardroom" (Springer 2020), "Marketing Resource Management" (USP Publishing), "Strategic Workforce Management" (Harvard Business Manager) y "Cyber Commerce Reframing" (Harvard Business Manager). Por sus innovadores conceptos e iniciativas de marketing, por ejemplo, con Allianz, la Unión Europea, la Cámara Económica Federal Austriaca, Bayer Leverkusen y BASF, ha recibido varios premios, entre los que destacan el *Diskobolos Innovation Award* de la Cámara de Comercio Europea y el *Export Prize 2016* de la Cámara Económica Federal Austriaca.

Julián Garritz tiene estudios en Historia por la Universidad Nacional Autónoma de México. Es Fundador y Director General de Garritz Internacional, agencia digital y consultora con presencia en Latinoamérica, Estados Unidos y Europa. Dirigiendo la estrategia del grupo desde Frankfurt, Alemania, ha desarrollado exitosamente una red internacional que sirve a clientes en diferentes y segmentos, entre los que destacan los servicios financieros, el entretenimiento, la salud y los negocios industriales.

Ha trabajado desde 1998 en el desarrollo de proyectos digitales, dedicando especial atención al desarrollo de tecnología y a la eficiencia de la comunicación, el marketing digital y la compra de medios digitales. Actualmente cuenta con un equipo internacional de desarrolladores, científicos de datos, creativos y expertos en planeación y compra de medios digitales con presencia en la Ciudad de México, Frankfurt, Ciudad de Panamá, Nueva York y Coimbatore, India. En el contexto del marketing B2B, a lo largo de su carrera ha trabajado con importantes marcas de servicios, maquinaria y productos industriales en Latinoamérica, Europa y Asia. En el año 2013 ganó un premio *Effie* de Oro para una marca reconocida de chocolates en México por su estrategia digital y generación de ventas. En 2018 se hizo acreedor a un financiamiento en el marco del programa *Löwe* por el gobierno del estado alemán de Hessen para un proyecto con la Clínica de la Universidad de Frankfurt dedicado a procesos de automatización en el reconocimiento y diagnóstico de cáncer pulmonar en tomografías computarizadas. En 2020 ganó con thyssenkrupp Industrial Solutions el premio *German Brand Award* (Brand digitalization) por el desarrollo y ejecución de la campaña publicitaria digital para la presentación de maquinaria para minería en la feria trianual BAUMA en la ciudad de Múnich, Alemania.

En el modelo de negocio de Netflix ya no se venden productos, sino que se proporciona acceso a los mismos a manera de renta o mensualidad. El término de la economía de Netflix fue acuñado en 2019 por la revista Manager Magazin[2] y describe cómo todas las industrias se están transformando en compañías de servicios. Sin embargo, este cambio no es impulsado por la propia industria, sino por el mercado, que siempre está buscando nuevos modelos de negocio disruptivos para impulsar el motor económico de manera más acelerada y eficiente. Después de todo, el hecho que una empresa ya no tenga que comprar una gran máquina al poder alquilarla, ha generado un efecto muy positivo en el propio flujo de caja. De hecho, la empresa no tiene que pagar el precio de compra completo, sino sólo mensualidades (pagos de alquiler mucho más bajos). Varias de estas máquinas pueden ser arrendadas simultáneamente. De esta manera, la capacidad de producción puede ser ampliada múltiples veces en un tiempo muy corto.

La economía de Netflix también significa que Amazon, por ejemplo, es capaz de imprimir los libros que vende directamente en el centro logístico más conveniente con sus propias imprentas, para entonces entregarlos al cliente en un tiempo muy corto. Este modelo es una "triple ganancia", porque todas las partes involucradas sólo tienen ventajas: El cliente obtiene el libro más rápido, el editor ahorra enormes costos porque no debe producir libros para tenerlos en inventario, y Amazon gana dinero al concretar las ventas y distribuir los bienes. Esto lleva a una legítima pregunta: considerando el rápido desarrollo de la tecnología de impresión en 3D: ¿en cuánto tiempo podrá Amazon producir piezas de repuesto para máquinas industriales en el centro logístico más ventajoso y enviarlas directamente desde allí al socio comercial correspondiente en el menor tiempo posible? En este marco, la tarea del marketing B2B debe ser, por lo tanto, cada vez más perfecta y precisa en cualquier lugar donde un cliente potencial esté buscando un producto, sobre todo en línea.

Un departamento técnico comercial clásico no será capaz de llevar a cabo la transformación por sí solo, sobre todo sin los datos, conocimientos y sistemas de marketing B2B acordes. El marketing B2B será muy atractivo para la gente exitosa. Los tiempos en que los empleados eran transferidos al departamento de comercialización de bienes industriales para no causar daños en otras partes de la empresa han terminado definitivamente.

---

[2] Müller, E.: „Die Netflix-Industrie", Manager Magazin, julio de 2019, páginas 95 - 97.

La industria nunca ha sido el verdadero motor de la innovación. En retrospectiva, no fueron los ingenieros industriales los que hicieron posible el enorme progreso tecnológico, sino que fueron los espíritus creativos, considerados "confundidos o desenfocados" en su tiempo; su trabajo e invenciones fueron el verdadero motor de la innovación. En 1714, por ejemplo, el creador de libros Henry Mill sentó las bases para una nueva forma de trabajo en la oficina y la comunicación con un novedoso dispositivo para la creación de textos: el prototipo de la máquina de escribir. En 1808, el italiano Pellegrino Turri hizo de la necesidad una virtud e inventó un aparato para una condesa ciega con el que podía escribir cartas.

En su mayor parte, los procesos industriales se han beneficiado de las invenciones y desarrollos en otras áreas, así como de los expertos en otros campos del conocimiento. Hoy nos enfrentamos a un cambio de paradigma en toda la industria. La industria pesada, con sus fascinantes pero complicados productos, se enfrenta a un cambio sustancial de sus modelos y formas de trabajar. La industria debe evolucionar desde "la hojalata" hacia "el software" y "el servicio". En pocas palabras, es como convertir a un cerrajero en un hacker o a un leñador en un jardinero. Esta disrupción se presenta no sólo en términos de la experiencia laboral, pues vemos universos culturalmente diferentes chocando entre sí. Este hecho está más que confirmado por estudios recientes de instituciones serias y de renombre, como los de la Federación Alemana de Ingeniería (VDMA). En 2019, dicha asociación llevó a cabo una encuesta entre 1.700 participantes para conocer las competencias actuales en materia de Industria 4.0[3]. El resultado fue sorprendente, porque mostró que el conocimiento en la Industria 4.0 entre los estudiantes, empleados y empresas no es el suficiente -ni siquiera en Alemania- para ayudar a dar forma al necesario cambio hacia la digitalización de procesos, productos y servicios. Así es que el moderno marketing B2B está estrechamente vinculado con los procesos de la digitalización. Desde 2011, la cantidad de productos que contemplan procesos digitales ha pasado de 150 a más de 8.000 soluciones y productos para la comercialización moderna[4].

Para los profesionales de las ventas B2B, esto significa que deben estar activos en un sector que aparentemente no está equipado para la digitalización, pero que ahora depende de las mismas tecnologías en el área de la comercialización 4.0 para afirmarse de manera sostenible en la competencia mundial. Por una parte, está claro que las prácticas de las antiguas empresas industriales de referencia han desaparecido hace tiempo y que la brecha entre ellas y los verdaderos impulsos para la innovación en materia de modernización e innovación es cada vez mayor en países asiáticos. El marketing B2B se ha convertido así en un gestor de cambios cuyo deber es aprovechar al máximo las posibilidades completamente nuevas de la comercialización de productos industriales modernos. Si el mercadólogo B2B no se adapta a esta nueva realidad, llegará el día en que su superior podrá muy bien acusarlo con la

---

[3] https://www.vdma.org/documents/14969637/46993756/Onlinekompetenzcheck_1581497893938.pdf/bb8bb533-b070-6aa0-8f40-44e865927630. Obtenido en línea el 16 de mayo de 2020.

[4] https://chiefmartec.com/2020/04/marketing-technology-landscape-2020-martech-5000. Obtenido en línea el 16 de mayo de 2020.

dirección por no haberle señalado estas nuevas posibilidades que otorga el "Marketing 4.0" (Kotler, 2019) o la "Ingeniería de Marketing"[5].

Con estos antecedentes, este libro presenta de forma concisa, en tan sólo unas pocas páginas, los conocimientos especializados necesarios para dotarse de las herramientas requeridas para este proceso de cambio sustancial. Además, estos conocimientos especializados serán enriquecidos con conocimientos sobre los cambios organizacionales y con argumentos y tácticas específicos, por lo que usted estará bien equipado en términos de contenido, así como estratégica y tácticamente para poder dar los necesarios pequeños pasos en su camino hacia el éxito en la dirección del nuevo Marketing de Ganancias Predecibles (PPM, por sus siglas en inglés *Predictive Profit Marketing*). En los próximos años, las empresas industriales dependerán más que nunca del moderno y correctamente diseñado marketing B2B como fuente sustancial y fiable de ingresos. Esto no sólo cambiará toda la naturaleza de la industria, sino que también cambiará significativamente la tarea y la función de las ventas técnicas.

Los procesos de venta -en particular los de introducción de productos con altos costos y bajos ingresos- deben automatizarse y estandarizarse cada vez más para poder ofrecer precios competitivos. Esto será, a su vez, necesario para proporcionar las capacidades correspondientes en ventas de alto costo para clientes clave y proyectos importantes, que son menores en términos de volumen, pero mucho más grandes en cuanto a ingresos se refiere y, por lo tanto, más importantes. En el ámbito de los productos estándar, esto significa que todo el proceso debe automatizarse mediante sistemas que sean lo más coherentes e interactivos posibles, desde la configuración, la instalación y el mantenimiento, hasta la conclusión de la compra. Para proyectos grandes, esto significa que la información sobre los clientes clave y las licitaciones debe ser recogida y evaluada automáticamente a través de las correspondientes soluciones de MarTech (tecnologías de marketing), como el Marketing Basado en Cuentas (ABM por sus siglas en inglés *Account Based Marketing*) o la Inteligencia del Cliente. La huella digital completa, en el sentido de las huellas virtuales de las organizaciones y personas pertinentes, deben ser registradas en sistemas automatizados[6]. Sólo así el departamento de ventas podrá estar en el lugar adecuado con el contenido apropiado incluso antes que la competencia (Seebacher, 2020).

Muchos estudios de casos diferentes (Negovan, 2020) demuestran que, en pocos meses, una campaña de marketing B2B adecuadamente establecida puede hacer que el número de clientes potenciales generados aumente en el elevado rango de tres dígitos porcentuales. En pocos meses, los departamentos de marketing B2B también han de reajustar sus estructuras completas de ventas con la ayuda del método descrito en este libro[7]. Esto no sucede de la noche a la mañana, sino que es el resultado

---

[5] https://en.wikipedia.org/wiki/Marketing_engineering. Obtenido en línea el 16 de mayo de 2020.

[6] https:// www.onlinemarketinginstitute.org/blog/2012/10/seo-breadcrumbs-not-just-for-the-birds. Obtenido en línea el 16 de mayo de 2020.

[7] https://www.marconomy.de/vertriebsoptimierung-in-365-tagen-ein-praxisbeispiel- a-904712. Obtenido en línea el 16 de mayo de 2020.

de un proceso de cambio bien pensado y rigurosamente aplicado, tanto en lo que respecta a la organización y los procesos como a las tecnologías respectivas de la información. Se avecinan tiempos interesantes para los directores de marketing B2B, sobre todo si consiguen convencer a los responsables de la toma de decisiones y a los compañeros de campaña del enorme potencial del nuevo marketing B2B mediante un enfoque inteligente y estructurado, para entonces iniciar paso a paso con la implementación de las medidas adecuadas hacia la necesaria transformación digital.

1.1 ¿Quién puede hacer el marketing B2B?

En principio, todo aquel que esté equipado con las herramientas propias de este libro, pero quien también esté dispuesto a asumir esta atractiva y gratificante tarea en el sentido de una nueva función corporativa. A continuación, se esbozarán brevemente los posibles escenarios que parecen pertinentes e importantes en dicha transformación. Sobre la base de estos escenarios, también es posible deducir directamente para qué grupos objetivo es relevante este libro.

1.1.1   Para los graduados "la prueba de fuego al jefe"

Como graduado o exalumno, es importante aprender las herramientas del nuevo marketing B2B en el menor tiempo posible. Es necesario estar informado sobre los términos actuales y comprender el modelo de madurez del marketing en términos de conceptos y herramientas. Dentro del proceso de reclutamiento se tiene que crear una imagen de sus futuros colaboradores. Con respecto al futuro superior potencial, es necesario reconocer primero si es competente en la esfera de la transformación necesaria y segundo, si tiene la visibilidad y la credibilidad correctas en la organización. Si no se cumple ninguno de estos criterios, recomendamos no aceptar la posición y buscar otra, ya que, en este caso, no será posible avanzar en la dirección correcta. Si se llega a la conclusión de que el futuro supervisor cumple con uno de los dos criterios, puede empezar con tranquilidad y claridad de objetivos.

1.1.2   Para los empleados provenientes del sector B2C: "mantener la cabeza fría"

Aunque muchas publicaciones señalan acertadamente que el B2C y el B2B convergen cada vez más, en realidad, esta convergencia aún no ha llegado a la mayoría de las empresas industriales y, por ende, a los responsables de las decisiones pertinentes. Si ha dado el paso absolutamente correcto de contratarse en una empresa industrial, entonces debe estar preparado para lo siguiente: en cada oportunidad y en las reuniones con los colegas de ventas o de ingeniería, se le frenará inmediatamente con el argumento "¡No tiene ni idea, porque los negocios B2B funcionan de forma diferente!

Incluso si se tiene un historial de éxito, es necesario ser consciente del choque cultural que significa trabajar en el sector del marketing de productos industriales. De lo contrario, se le dará por perdido más rápido de lo que podrá demostrar de lo que está hecho. Porque al igual que en los hospitales con los médicos como dioses vestidos de blanco, en las empresas industriales son los ingenieros vestidos de gris los que suponen tener todos los conocimientos necesarios junto con un alto grado de certeza y autoestima –además de considerar al marketing como un lujo. En consecuencia, sólo tendrá éxito si persistentemente construye la confianza de sus colegas comenzando a estructurar y a cumplir su trabajo como comercializador B2B de una manera modesta y no muy llamativa, como lo presentamos en este libro a manera de modelo de desarrollo. Debe estar preparado para los retos descritos en este libro y poder reaccionar de manera amistosa y competente. De esta manera será para usted más fácil iniciar y establecer el necesario proceso de cambio organizacional desde una perspectiva psicológica. Esto, a su vez, será la base para orientar a los conservadores en la organización (alrededor del 80% de los empleados en todas las empresas industriales) hacia la comercialización de bienes industriales con enfoque de Marketing 4.0 (Kotler, 2019) y con la ingeniería de mercadotecnia[8].

Por supuesto, tampoco debe ignorar el componente anteriormente descrito de la capacidad y posicionamiento de su respectivo jefe, porque su lealtad requiere que trabaje de la mejor manera posible. Si usted procede de manera adecuada, se le dará gradualmente un mayor margen de acción y confianza, sobre cuya base podrá abrirse camino hacia el marketing profesional predictivo a una velocidad cada vez mayor. Piense cuidadosamente sobre el tema que está abordando, cuándo es mejor plantearlo y a qué colaborador, todo en aras del interés de su interlocutor.

1.1.3 Los directores frustrados de marketing B2B empiezan su actividad sin ser detectados

Si actualmente ocupa un puesto como gerente de marketing de productos industriales en un entorno conservador sin afinidad real con la comercialización, entonces se encuentra en una posición relativamente ventajosa, si realmente quiere marcar una diferencia en la situación actual. Para ser honesto, escucho a muchos de mis colegas una y otra vez lo desesperados que están y lo mal que está todo, pero no veo el deseo y la necesidad de promover un cambio real. Más bien, sospecho que la gente se siente realmente muy cómoda en este lugar de trabajo "protegido" y no quiere salir de esta zona de confort en absoluto, porque eso implicaría trabajo adicional e incomodidad.

En este punto es importante mirar la realidad de frente, (tomar al toro por los cuernos). El contenido presentado en este libro basado en numerosos trabajos y proyectos de los mejores y más respetados expertos en el nuevo marketing B2B es demasiado precioso para ser desaprovechado con una aplicación "a medias". Se debe

---

[8] https://en.wikipedia.org/wiki/Marketing_engineering. Obtenido en línea el 16 de mayo de 2020.

querer salir de la sombría existencia como comercializador de bienes industriales, porque sólo así será lo suficientemente auténtico y seguro de sí mismo para poder afirmar y defender su punto de vista en las discusiones y situaciones decisivas.

Si ha llegado a la conclusión de que esto es lo que realmente quiere, entonces puede simplemente utilizar el modelo de desarrollo descrito en este libro para preparar, implementar, evaluar y documentar las actividades relevantes paso a paso. Informe a su supervisor regularmente y comparta los resultados de su trabajo con sus clientes internos de manera adecuada para que estén informados y pueda consultarlos en cualquier momento durante su trabajo diario. Se sorprenderá de lo rápido que se logrará el éxito.

1.2 Resumen

Si no he mencionado un grupo objetivo o un escenario específico de origen para un futuro mercadólogo B2B en esta lista, lo lamento y agradeceré ser informado al respecto. Con mucho gusto lo tendré en cuenta en la nueva edición del libro. Estaré encantado de discutir sus historias de éxito y conocimientos e incorporarlos en la próxima edición para el beneficio de todos nuestros colegas en el marketing de productos industriales.

El ecosistema de marketing B2B –
Un breve resumen del vocabulario
especializado más relevante

2

En la siguiente sección se presentan y explican brevemente los términos más importantes del marketing B2B. Un compendio detallado de los términos relevantes y sus definiciones se puede encontrar en el libro *Marketing B2B - A Guidebook for the Classroom to the Boardroom* (Seebacher, 2020), que está disponible en una edición en alemán y otra en inglés.

2.1 Pruebas A/B

Este término se refiere a la comparación y el ensayo de diferentes elementos de comunicación para la comercialización mediante el intercambio y la modificación de componentes individuales de los elementos tácticos, como imágenes y titulares, considerando, así mismo, los horarios y días de la semana para compartir contenidos. Todo esto con el objetivo de mejorar la conversión[9].

2.2 Marketing basado en cuentas específicas (ABM por sus siglas en inglés Account Based Marketing∫)

El término "marketing basado en cuentas"[10] describe el procesamiento programático de clientes clave predefinidos. En el ámbito de las ventas, se utiliza el término gestión de cuentas clave[11].

2.3 Embajador

El término describe a un embajador de una marca o empresa. A menudo se confunde al embajador con una persona influyente (*influencer*)[12]. La diferencia radica en que un embajador no es neutral en el mercado, mientras que una persona influyente no

---

[9] https://de.wikipedia.org/wiki/Conversion-Tracking. Obtenido en línea el 16 de mayo de 2020.
[10] https://en.wikipedia.org/wiki/Account-based_marketing. Obtenido en línea el 16 de mayo de 2020.
[11] https://de.wikipedia.org/wiki/Key-Account-Management. Obtenido en línea el 16 de mayo de 2020.
[12] Véase el capítulo correspondiente a este tópico.

es consciente de estar en el radar de una empresa como tal y, por lo tanto, se le asocia con ciertos contenidos.

2.4   Marketing de empresa a empresa (B2B)

Este término se refiere a la comercialización que tiene lugar entre los participantes en el mercado que, como tales, no son clientes finales. Estos integrantes en el mercado se caracterizan por complejos procesos de compra, que sin embargo cada vez son más similares a los del área B2C. A menudo, los términos Human-to-Human (H2H), People-to-People (P2P), Business-to-Anonymous (B2A), Business-to-All (B2A), End-to-End (E2E) o All-to-All (A2A) también se pueden encontrar en diversas publicaciones.

2.5   Consumer Journey

El Viaje del Comprador también se llama Viaje del Cliente y describe el "viaje" de un comprador a través de la investigación, la evaluación y el proceso de compra en general. El Viaje del Comprador se compone de tres fases: a) conocimiento, b) consideración y c) toma de decisiones[13].

2.6   Públicos objetivos (Buyer Persona)

El concepto de *Buyer Persona*[14] es la perfilación genérica para definir diferentes compradores arquetípicos que se describen utilizando ciertos criterios específicos para cada audiencia y para cada producto. Esta categorización de los compradores es también la base teórica de las rutas de personalidades influyentes (*influencer journey*) usados en el Marketing B2B de personalidades influyentes (B2B-Influencer-Marketing)[15].

2.7   Tasa de conversión (Conversion Rate)

La tasa de conversión describe normalmente el porcentaje de conversión sobre una actividad específica de marketing en un resultado concreto y medible con respecto a la generación de ventas[16]. Dependiendo de dónde se encuentre la actividad específica dentro del *Consumer Journey*, una conversión puede ser la transformación de un visitante anónimo del sitio web a un contacto "conocido" en el sentido de un

---

13
  https://blog.hubspot.com/sales/what-is-the-buyers-journey. Obtenido en línea el 16 de mayo de 2020.
14
  http://www.digitalwiki.de/buyer-personas. Obtenido en línea el 16 de mayo de 2020.
15
  https://b2bmarketing.works/blog/whitepaper/b2b-influencer-marketing. Obtenido en línea el 16 de mayo de 2020
16
  https://de.ryte.com/wiki/Conversion_Rate. Obtenido en línea el 16 de mayo de 2020.

cliente potencial, así como la conversión de un cliente potencial calificado para la comercialización (MQL)[17] a un cliente potencial calificado para la venta o *Lead*[18].

2.8   Experiencia del cliente (CX/UX)

El CX también puede llamarse Experiencia de Usuario o Experiencia de Comprador (*User experience* o UX) y se refiere a la percepción e interacción de un cliente o usuario con todos los puntos de contacto de una empresa a lo largo del *Consumer Journey*.

2.9   Marketing basado en datos (Data-driven Marketing)

Este término describe las actividades de marketing que son basadas exclusivamente en datos. Todo se mide, evalúa y utiliza para optimizar constantemente el retorno a la inversión del marketing (MRoI por sus siglas en inglés Marketing *Return on Investment*) en todas las actividades.

2.10   Generación de demanda

Este término se refiere a la generación de demanda al principio del *Consumer Journey* para dar a conocer nuestra oferta a los posibles compradores durante su búsqueda e investigación de los productos pertinentes, dondequiera que se encuentren. Con la ayuda de los conocimientos del área CX/UX, se crea el contenido relevante de la forma óptima para cada usuario en su contexto.

2.11 Contenido restringido (Gated content)

El contenido que sólo se puede consumir ingresando datos de acceso a una plataforma específica o introduciendo datos personales en un formulario previo.

2.12   Inbound Marketing

Este término define todas las actividades de marketing que tienen como objetivo dirigir a los clientes potenciales hacia la empresa. El *inbound marketing* es comparable con la pesca marina con grandes redes. Éste suele tener por objeto generar contactos nuevos, anteriormente desconocidos.

---

[17] Véase el capítulo correspondiente a este tópico.

[18] http://searchcustomerexperience.techtarget.com/definition/sales-qualified-lead-SQL. Obtenido en línea el 16 de mayo de 2020.

2.13   Personalidad influyente (Influencer)

El término se aplica igualmente en el área B2B como en el marketing B2C. Una personalidad influyente (*influencer*) es un multiplicador y amplificador de contenido que, debido a su posición, tiene una red correspondiente que puede dar mayor visibilidad a una empresa. Hay que tener cuidado en esta área, porque una personalidad influyente (*influencer*) debe ser utilizada dentro de un marco estratégico específico con objetivos claros. En el campo del marketing de personalidades influyentes (*Influencer Marketing*), muchos comercializadores B2B cometen muchos errores graves. Hay que tener cuidado.

2.14   Ruta de la personalidad influyente (Influencer Journey)

Este término se basa en la misma metodología que el Viaje del Consumidor (*Consumer Journey*) y describe el viaje de la personalidad influyente desde no conocer una empresa hasta apreciarla y conocerla. Sin embargo, al final de cuentas, el objetivo no es la compra de un producto, sino, en la mayoría de los casos, el posicionamiento de los objetivos estratégicos específicos por parte de la compañía en cuestión.

2.15   Marketing de personalidades influyentes (Influencer Marketing)

Este término describe todas las actividades de marketing dirigidas a personalidades influyentes definidas. En el sector B2B, también se suele utilizar el potencial de influencia de las empresas como personalidades (Weinländer, 2020).

2.16   Gestión de clientes potenciales (Leads)

La gestión de los clientes potenciales define todas las acciones para el procesamiento, la administración y su manejo, con el objetivo de generar compradores lo más rápidamente posible (Wenger, 2020).

2.17   Promoción y cuidado de clientes potenciales (Lead Nurturing)

Mientras que la gestión de clientes potenciales se refiere a su administración y manejo en el proceso de compra, la promoción y cuidado de clientes potenciales se refiere a su procesamiento con el contenido adecuado en términos de mensaje central, preparación y alcance del mismo, así como su forma de reproducción en términos de canal, horario y temporalidad. El objetivo de *Lead Nurturing* es dirigir a los potenciales clientes al siguiente nivel en el embudo de ventas[19].

2.18   Automatización de procesos de marketing

La automatización de procesos de marketing puede ser entendida desde un sentido muy amplio, hasta uno más estrecho y restringido. Básicamente, el término describe la automatización de la tecnología de la información en los procesos y actividades frecuentemente recurrentes en el marketing (Klaus, 2020; Mrohs, 2020; Romero-Palma, 2020).

2.19   Clientes potenciales calificados (MQL por sus siglas en inglés Marketing Qualified Lead)

Un MQL es un cliente potencial que cumple con los criterios previamente definidos en los distintos *buyer persona* de la estrategia. Estos criterios pueden variar según la situación. Por ejemplo, un MQL es un contacto del que se ha obtenido su nombre, dirección de correo electrónico y número de teléfono a través de una campaña de promoción de contactos.

2.20   Soluciones de MarTech

El término *MarTech* está compuesto por las palabras "marketing" y "technology" y se refiere a las soluciones y sistemas informáticos en el entorno del marketing moderno y digital. En abril de 2020 se actualizó y publicó la oferta actual de soluciones de MarTech mostrando a más de 8.000 plataformas de tecnología de comercialización y mercadotecnia[20].

2.21   Orquestación del marketing

Este término es relativamente joven y se refiere a un nuevo tipo de software intermedio de tecnología de la información que utiliza la inteligencia artificial (Bünte, 2018) para conectar todos los sistemas pertinentes con sus datos para evaluarlos y valorarlos utilizando un acercamiento de inteligencia artificial[21].

---

[19] https://www.marketo.com/lead-nurturing. Obtenido en línea el 16 de mayo de 2020.

[20] https://chiefmartec.com/2020/04/marketing-technology-landscape-2020-martech-5000. Obtenido en línea el 16 de mayo de 2020.

[21] https://anchor.fm/dashboard/episode/ee37tj. Obtenido en línea el 16 de mayo de 2020.

2.22   Gestión de los recursos de marketing (MRM, por sus siglas en inglés Marketing Resource Management)

Este término se estableció firmemente en el campo del marketing B2B a principios del nuevo milenio por Seebacher y Guepner (2011). El MRM tiene como objetivo hacer que todas las actividades en el campo de la comercialización y la comunicación sean medibles por medio de índices. La posibilidad de comparación de los resultados de un anuncio en medios impresos con una feria comercial no puede medirse en cifras absolutas, sino más bien mediante valores de índice basados en porcentajes.

2.23   Librería de Procesos de Marketing (MPL por sus siglas en inglés Marketing Process Library)

La Librería de Procesos de Marketing (MPL) es una representación de los procesos de todas las actividades de marketing, independientemente de cómo se presentan. Lo ideal es que dicha librería de procesos se implemente en forma de una presentación de PowerPoint fácil de usar. Es importante que sea accesible, ya que la documentación estará en constante evolución. Una documentación completa comprenderá entre 80 y 150 diapositivas y deberá revisarse al menos una vez al año. Esta documentación debe ser conocida y accesible para toda la organización.

2.24   Outbound Marketing

Este término de marketing (Reisert, 2017) describe la mercadotecnia clásica en la que la empresa se acerca de forma proactiva a los clientes potenciales, por ejemplo, utilizando centros de llamadas para la captación de clientes.

2.25   Marketing de resultados (Performance Marketing)

El marketing de resultados[22] describe la orientación estratégica de una organización de comercialización que hace y mide todo lo que es estrictamente medible con respecto a las actividades de mercadotecnia dirigida a las ventas o a un KPI específico, como recordación de marca, interacción con piezas de publicidad o registro de MQLs. El término proviene originalmente del sector digital, en el que todas las actividades y variables se hicieron transparentes y medibles por primera vez. Debido al desarrollo en el área de la ciencia de los datos (*Data Science*)[23], así como la inteligencia de negocios (*Business Intelligence*), cada vez existen más datos disponibles y medibles 24/7 para más y más áreas del marketing B2B.

---

[22] https://de.wikipedia.org/wiki/Performance-Marketing. Obtenido en línea el 16 de mayo de 2020.
[23] https://www.gartner.com/reviews/market/data-science-machine-learning-platforms. Obtenido en línea el 16. de mayo de 2020.

2.26   Marketing del canal de ventas (SCM por sus siglas en inglés Sales Channel Marketing)

Este concepto define todas las actividades de marketing B2B dirigidas a los diversos canales de distribución. Especialmente a través de la moderna comercialización B2B apoyada por plataformas de MarTech, el SCM es ahora muy fácil de implementar. El gerente de soporte del canal de ventas es una nueva posición de trabajo en el marketing B2B que ha surgido de este concepto.

2.27   Leads calificados de ventas (SQL por sus siglas en inglés Sales Qualified Lead)

El SQL es comparable al MQL descrito anteriormente, con la diferencia de que el SQL ya se encuentra en una etapa posterior en el embudo de ventas o viaje del comprador y por lo tanto más cerca de la compra. Una vez más, el estado de SQL se asigna cumpliendo los criterios previamente definidos por la organización específica.

2.28   Ventas sociales (Social Selling)

La venta social define el proceso de venta a través de los medios sociales. Lo que todavía no está tan extendido en Europa y los Estados Unidos ya goza de gran popularidad en China y Asia. Hoy en día, las máquinas grandes en el rango de seis dígitos de dólares se venden a través de WeChat[24].

2.29   Narración de historias (Story Telling)

Lo que antes se llamaba "venta blanda"[25] ahora se llama "narración de historias" en el sector B2B. Se trata de alejarse de la comercialización de productos y de empaquetar las características centrales del proceso de compra en forma de una historia interesante, para que el cliente perciba la empresa como interesante e innovadora y, en última instancia, con base en esto, se convierta en un comprador.

2.30   Gestión de puntos de contacto

Los puntos de contacto (*Touchpoints*)[26] son los medios y vehículos de comunicación que una empresa utiliza para comunicarse con sus clientes y ventas potenciales permitiendo, a su vez, la interacción. Estos puntos de contacto se gestionan con el objetivo de utilizarlos en los distintos procesos de compra, medir su rendimiento y

---

[24] https://en.wikipedia.org/wiki/WeChat. Obtenido en línea el 16 de mayo de 2020.

[25] https://www.investopedia.com/terms/s/soft-sell.asp. Obtenido el16 de mayo de 2020.

[26] https://de.wikipedia.org/wiki/Touchpoint. Obtenido en línea el 16 de mayo de 2020.

utilizar los resultados para optimizar continuamente las respectivas actividades asociados a estos puntos de contacto. Esta gestión está estrechamente relacionada con el área CX/UX[27].

2.31   Resumen

En esta sección hemos descrito brevemente los términos más importantes en el campo de la comercialización B2B. Éstos se tratan con más detalle y más exhaustivamente en la *Guía de Marketing B2B* (Seebacher, 2021).

---

[27] http://www.groissberger.at/customer-touchpoint-management/. Obtenido en línea el 16 de mayo de 2020.

El modelo de madurez del marketing –
El entrenador en el camino hacia el
Marketing de Ganancias Predecibles

3

El modelo de madurez del marketing fue creado por necesidad. Lo desarrollé y diseñé con el fin de proporcionar un modelo simple para los muchos colegas en el campo que, durante muchas conversaciones, me preguntaban cómo deberían empezar esta necesaria transformación. Muy pronto me di cuenta, que para poder responder a las preguntas de estos estimados colegas, siempre pedían lo mismo en las empresas. Por lo tanto, este diálogo en los círculos de muchos directores de marketing B2B fue muy inspirador para poder desarrollar el modelo de cinco pasos para el marketing B2B. Antes de describir este modelo, en una breve reseña mencionaremos aquí el importante punto de partida común en la definición del marketing B2B[28]:

"El marketing empresarial es una práctica de comercialización de personas u organizaciones (incluidas las empresas comerciales, los gobiernos y las instituciones) que permite vender productos o servicios a otras empresas u organizaciones que los revende, los usan en sus productos o servicios o los utilizan para apoyar sus obras. Es una forma de promover los negocios y mejorar las ganancias también.

El marketing empresarial también se conoce como marketing industrial o marketing de empresa a empresa (B2B). El marketing de empresa a gobierno, aunque sigue clasificado dentro de la disciplina B2B debido a que comparte la dinámica, difiere ligeramente".

En este contexto, definimos al marketing B2B como la totalidad de las actividades comerciales en relación con los clientes existentes y potenciales en lo que respecta al diseño de la comunicación orientada al mercado, el respectivo precio óptimo para cada producto[29], y en general a toda la comunicación y su respectiva mejor forma de distribución. Según Philip Kotler (2019), la venta es una función de la distribución como parte del *marketing mix*, y se ocupa del volumen de ventas, tomando en cuenta la implementación de todo tipo de productos, pero también de servicios. Las ventas sólo funcionan en contacto directo con los clientes. A la inversa, esto significa que la cadena de valor de la comercialización B2B se ha ampliado en comparación con la comercialización convencional. El nuevo marketing B2B comprende

---

[28] https://en.wikipedia.org/wiki/Business_marketing. Obtenido en línea el 16 de mayo de 2020.
[29] Por ejemplo, la fijación dinámica de precios como parte de los sistemas integrados de configuración y cotización.

todas las actividades desde la generación de demanda, la generación de clientes potenciales, el cultivo de clientes potenciales, la generación de compradores potenciales calificados desde el marketing hasta la inteligencia y el análisis de mercado, los consumidores, los proyectos e inteligencia predictiva. Todo esto con la finalidad de saber exactamente dónde, en qué momento, a través de qué canal y de qué medio debe posicionarse el contenido relevante dirigido a un contacto específico. Todo esto debe hacerse en estrecha coordinación con los clientes internos, como el área de comercialización de productos, de investigación y el desarrollo, así como de ventas. El liderazgo estratégico debe ser confiado al marketing B2B, ya que sólo éste tiene todos los datos involucrados en este proceso.

Para que esto sea posible, es necesario desarrollar paso a paso el modelo de madurez del marketing, desde el marketing clásico de bienes industriales hasta la comercialización B2B de la última generación. Este modelo comprende los siguientes cinco niveles de madurez:

1. Nivel 1: Marketing unidireccional reactivo (ORM, por sus siglas en inglés *One-directional reactive Marketing*)
2. Nivel 2: Marketing bidireccional reactivo (BRM, por sus siglas en inglés *Bi-directional reactive Marketing*)
3. Nivel 3: Marketing Interactivo (IAM, por sus siglas en inglés *Interactive Marketing*)
4. Nivel 4: Marketing analítico proactivo (PAM, por sus siglas en inglés *Proactive Analytical Marketing*)
5. Nivel 5: Marketing de Ganancias Predecibles (PPM, por sus siglas en inglés *Predictive Profit Marketing*)

Fig. 1   Modelo de madurez en cinco etapas para el marketing B2B según Seebacher

3.1   Marketing unidireccional reactivo

Este tipo de marketing se encuentra en alrededor del 80% de las empresas industriales. El de mercadotecnia es el departamento que desarrolla los folletos de comunicación y el que organiza eventos. El marketing es el taller de trabajo extendido para los demás departamentos de las organizaciones y tiene que responder respectivamente a los requerimientos de cada uno de ellos. No se espera ninguna aportación proactiva en el proceso de comercialización y es crucial -incluso si los requerimientos se envían al área de Marketing demasiado tarde y de forma inexacta- que ésta siempre realice a tiempo y de forma impecable las solicitudes. El marketing se caracteriza por la premura en las entregas y el estrés en la operación. Los empleados de marketing siempre tienen poco tiempo para hacer las cosas y en la mayoría de los casos sólo son intermediarios en la comunicación con una multitud de agencias y proveedores externos. Independientemente de la escasa importancia que se la da a la comercialización, la mayor parte del valor añadido del área no reside en los procesos internos de la empresa sino en las acciones y entregables de los proveedores externos, lo que a su vez genera una extrema ineficiencia en los costos de todas las actividades y una gran dependencia de dichos proveedores. La forma de superar esta compleja situación es implementar los siguientes tres elementos.

3.1.1   Librería de Procesos de Marketing (MPL)

La preparación del MPL es un aspecto crucial en la evolución de los procesos de Marketing B2B. Como base metodológica se utiliza el método del organigrama[30]. Con la ayuda de esta técnica, se crean procesos adecuados para el departamento de marketing en todos los campos de su actividad. En el primer paso, comience definiendo las diferentes áreas de actividad. En la mayoría de los casos, éstas serán: Gestión de Contenido, Gestión de Eventos y Gestión de Datos o CRM (Por sus siglas en inglés *Customer Relationship Management)*. Utilice el organigrama del departamento para este propósito -si es un equipo, o bien, describa las áreas más importantes para usted. Si tiene empleados, haga que cada uno de ellos escriba sus actividades principales en el primer paso. Coordine esta lista para que no haya superposición entre los integrantes del equipo.

Cuando estos campos de actividad estén alineados y claramente definidos, solicite a los empleados crear gráficos de los procesos para sus propias actividades en Microsoft PowerPoint[31]. Todo lo que no cabe en una página o diapositiva debe ser dividido en dos o más procesos - subprocesos. Al principio será necesario apoyar metódicamente a los empleados para que todo el modelo del proceso específico sea coherente y no que, por ejemplo, un empleado desglose la información y el otro haga los resúmenes y defina los propios procesos de forma genérica. Coordínese con el equipo semanalmente para poder comparar los respectivos resultados de trabajo. Mi libro *Template-driven Consulting* (2003) ofrece un buen apoyo en relación

---

[30] https://de.wikipedia.org/wiki/Programmablaufplan. Obtenido en línea el 16 de mayo de 2020.

[31] https://blog.hubspot.com/marketing/marketing-job-descriptions. Obtenido en línea el 16 de mayo de 2020.

con este desarrollo organizacional basado en plantillas. En varios estudios de casos, describa en detalle la creación de la documentación de dichos procesos y las correspondientes hojas de trabajo predefinidas y estandarizadas, ilústrelas con numerosos elementos gráficos.

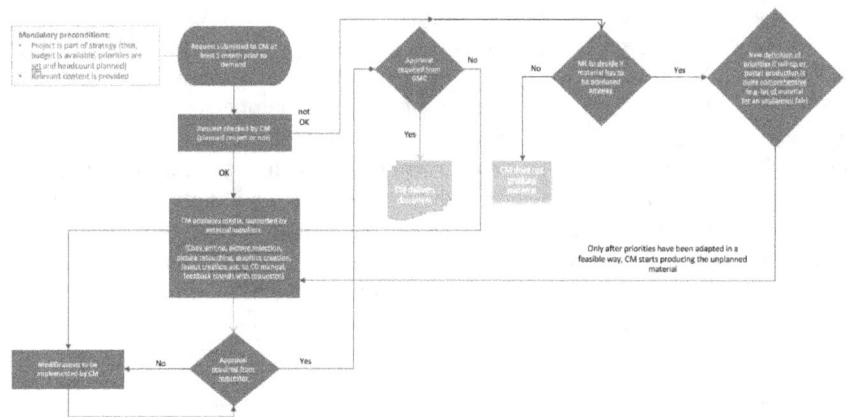

Fig. 2   Ejemplo de un proceso de comercialización en una Librería de Procesos de Marketing MPL

Pídales a los empleados que comparen y revisen los procesos de cada uno. Este procedimiento acelerará el proceso de aprendizaje y desarrollo. Esta coordinación del equipo conducirá sin duda a debates sobre las interfaces y la superposición de actividades. Es importante hacerlo con el fin de agudizar el conocimiento del equipo sobre las respectivas tareas y responsabilidades de cada miembro que lo constituye.

El primer borrador del MPL debería estar disponible después de unas cuatro semanas. Si resulta en una lectura cruzada y estructuralmente consistente, debe presentarse como un "borrador" en una reunión informal con su superior con la solicitud de retroalimentación y/o para la aceptación de compartirlo con la organización en aras de la transparencia de la información. El nuevo marketing B2B sólo puede desarrollarse y establecerse de manera sostenible si este proceso de cambio se coordina y se lleva a cabo junto con toda la organización. Por consiguiente, no subestime la importancia de la comunicación y la información. Aunque no le parezca importante, la creación y desarrollo del MPL implica discutir cosas nuevas en conversaciones directas con los distintos departamentos. Si su supervisor le da el visto bueno para discutir el MPL con la organización, entonces el documento debe ser siempre distribuido e impreso con "BORRADOR" al principio en letras grandes y negrillas.

Envíe el documento a los respectivos colegas con tiempo suficiente antes de las reuniones, para que tengan la oportunidad de revisarlo. En el 95% de los casos nadie se molestará en leer el MPL en detalle, pero si no se envía el documento por adelantado, esta objeción ciertamente vendrá. Después de la reunión respectiva, deles a sus colegas dos semanas más para que le proporcionen su opinión y retroalimentación. Como regla general, ningún comentario o correo electrónico se deberá considerar como confirmación y/o aprobación, pues de lo contrario se perderá mucho tiempo esperando la posible retroalimentación. Es importante considerar que aquéllos que no envíen su retroalimentación a tiempo, están dando su visto bueno de manera tácita. Esto le ayudará, en caso de que alguna vez se produzcan discusiones, porque así siempre se podrá hacer referencia a las comunicaciones enviadas y a que a todo el mundo se le haya dado la oportunidad de contribuir en consecuencia. Esta regla generalmente se aplica en todo el proceso hacia la Excelencia en Marketing Industrial a lo largo del Modelo de Madurez en cuestión.

Consejo: Si está desarrollando un nuevo documento, proceso o concepto, debería considerar los siguientes puntos:

- No trabaje únicamente por su cuenta.
- Involucre a todos los clientes internos relevantes antes del comienzo. Para ello, informe al jefe de equipo pertinente y solicite directamente que se permita a uno de sus miembros participar en el proyecto. Intente que sea un miembro competente y fiable del equipo el que se una al proyecto para que sea posible avanzar rápida y eficazmente.
- Documente el progreso del proyecto de manera clara y ordenada en PowerPoint.
- Documente las decisiones por escrito, de modo que siempre sea posible demostrar que todo ha sido debidamente desarrollado, adaptado y aprobado en consulta con las áreas pertinentes.

Si existe una certificación de calidad en la empresa, puede ser que ya exista un proceso de comercialización y comunicación específico. En cualquier caso, debe referirse a este proceso o hacer que se adapte y se publique en línea con los lineamientos nuevos y adaptados. Puede ser que la MPL sea demasiado extensa para el sistema de control de calidad de la empresa y, por lo tanto, deberá crear en consecuencia una versión resumida del proceso principal en el sistema. La experiencia ha demostrado que cada proceso individual debe ser listado como un cuadro con información resumida.

Como referencia, también hay librerías de procesos ya preparadas como PDF o archivos abiertos como plantillas disponibles en el mercado. Estos contienen modelos de procesos de mejores prácticas para todas las actividades de marketing comunes y son perfectamente adecuados para adaptarse a sus propias necesidades y ser publicados inmediatamente. El tiempo ahorrado será importante y podrá reducir el tiempo empleado entre un 20% y un 40% en esta primera fase del modelo de madurez.

3.1.2   Descripción de los puestos de trabajo

Sobre la base del MPL, el siguiente paso será analizar las descripciones de las posiciones de marketing, si tales documentos ya existen. Si aún no se cuenta con ninguno, póngase en contacto con Recursos Humanos y solicite una plantilla para la descripción de cada puesto. Si no puede encontrar una plantilla adecuada en la empresa, puede encontrarla en Internet[32]. No se tiene que reinventar la rueda. Bajo la palabra clave "descripción de puestos de trabajo en marketing" encontrará no sólo plantillas, sino también borradores para varios puestos[33]. Haga todo esto para prepararse, porque como mercadólogo B2B usted no debe ser un experto en Recursos Humanos (en la mayoría de los casos).

Si tiene un pequeño equipo de marketing, pida a cada empleado que revise la descripción de su puesto a la luz de los nuevos procesos y haga sugerencias de cambios. Cuando haya recibido todas las sugerencias, pida al equipo que lea los borradores de cada uno y dé su opinión. Si todo el equipo está de acuerdo, envíe estas nuevas descripciones de los puestos a su persona de contacto al área de Recursos Humanos solicitando su retroalimentación. De esta manera, en la mayoría de los casos, usted se convertirá en un "buen amigo" del departamento de Recursos Humanos, ya que ciertamente no muchos colegas expresan claramente la importancia y el aprecio del trabajo operacional del área de gestión de personal con actividades como ésta.

> Sugerencia: Si después de dos semanas sigue sin recibir ninguna respuesta de Recursos Humanos, lo que no es inusual de hecho, envíe otro correo de cortesía al departamento después de este período con la observación de que está a la espera de una respuesta, que de no llegar -como se ha descrito anteriormente- será considerada como "aceptada" por la dirección de Recursos Humanos. Es recomendable justificar esto de una manera apropiada y cortés diciendo "que por supuesto son conscientes del hecho de que gestión de personal tiene muchas actividades más importantes sobre la mesa que la comprobación de las descripciones de trabajo del departamento de marketing".

Después de recibir el visto bueno de Recursos Humanos de una forma u otra, usted y el empleado respectivo firmarán la descripción de trabajo actualizada y la archivarán directamente o con el área de gestión de personal.

3.1.3   Acuerdos de objetivos anuales y debates sobre el desarrollo de los empleados

Para lograr un éxito sostenible, los comercializadores B2B deben trabajar activamente en sus propias habilidades de liderazgo. Sólo con un equipo de marketing

---

[32] https://www.betterteam.com/job-description-template. Obtenido en línea el 16 de mayo de 2020.
[33] https://blog.hubspot.com/marketing/marketing-job-descriptions. Obtenido en línea el 16 de mayo de 2020.

perfectamente posicionado se alcanzará el quinto nivel del modelo de madurez del marketing en el futuro inmediato. El liderazgo en el cambio (Seeberg y Runde, 2004) es un indicador cada vez más importante en el éxito. Sólo con una ética de liderazgo y competencia de equipo (Gust *et al.*, 2004) se puede realizar el cambio de paradigma en el marketing B2B. Todos, ya sea como miembros del equipo operativo de marketing o como ejecutivos de mercadotecnia, deben trabajar de forma proactiva tanto en los factores duros, como los procesos y estructuras, así como en los factores blandos como la seguridad y la estabilidad laboral, las condiciones de trabajo, los seguros y las vacaciones (también conocidos como *Hygiene Factors* en inglés). Basándose en los procesos y las descripciones de los puestos de trabajo actualizadas, es posible por lo tanto definir inmediatamente objetivos anuales apropiados para usted y para sus empleados. Estos objetivos anuales siempre deben cubrir tres áreas:

1. Objetivos operacionales en relación con la esfera de actividades
2. Objetivos de desarrollo en relación con el departamento de marketing o los respectivos campos de actividades
3. Objetivos de desarrollo personal del interesado

De nuevo, pida a sus empleados que elaboren propuestas acordes. En cualquier caso, utilice las plantillas disponibles en la empresa y no utilice solo términos de marketing, pues le "saldrá el tiro por la culata". Pídale a Recursos Humanos las plantillas apropiadas. Si no hay ninguna disponible en la empresa, entonces investigue en Internet[34]. Pida a sus empleados una entrevista de evaluación de una hora y repasen las ideas juntos. Lo anterior es decisivo para el desarrollo del departamento de marketing, ya que permite asignar nuevos temas y retos como la Automatización de procesos de mercadotecnia o de Inteligencia de Negocios con colegas y de esta manera, avanzar en el trabajo de preparación de los diferentes temas relevantes para la evolución del equipo y sus prácticas. Los empleados comprometidos suelen estar abiertos a que se les asignen nuevos temas y áreas de responsabilidad apasionantes, pues en la mayoría de los casos, los empleados de marketing suelen tener múltiples asignaciones de trabajo, o literalmente estar saturados con tareas agotadoras e irrelevantes. Tómese estas tareas en serio y asegúrese de que las descripciones de los puestos y los acuerdos de objetivos se comprueben cada seis meses. Si consigue que nuevos empleados se unan a su equipo, inicie estos pasos lo antes posible en el marco de la incorporación del nuevo empleado y asegúrese también de que los recién llegados se familiaricen con la MPL inmediatamente, pues es la columna vertebral del marketing y una pieza muy esencial del "rompecabezas" de la exitosa implementación de prácticas del nuevo marketing B2B.

Consejo: La coordinación, la comunicación y la información son los tres aspectos más importantes en este proceso, además de los elementos estructurales descritos anteriormente. Para llevar el marketing B2B a un nuevo nivel, es

---

[34] https://www.smartsheet.com/free-employee-performance-review-templates. Obtenido en línea el 16 de Mayo 2020.

necesario llevar a la organización consigo. Así como los mercadólogos no son ingenieros, los ingenieros no son economistas de negocios y mucho menos gerentes de marketing. Aproveche cada oportunidad para informar a sus clientes internos en pequeños bocados digeribles sobre los nuevos logros en su área. El objetivo es ayudar a sus clientes a trabajar aún mejor. Al documentar los procesos y las plantillas se permite que sean transparentes y comprensibles.

3.1.4   Comprobación de hechos

Si cuenta con un MPL, entonces estás entre el 27,9% de las empresas que tienen un documento tan vivo, según el último Estudio de Preparación para el Marketing 2020[35], que el autor realizó con la editorial Marconomy[36]. Poco menos del 10% de las empresas pueden señalar un MPC claro y completo con más de 50 páginas. La mayoría de los departamentos de marketing trabaja con un MPL de menos de 10 páginas, lo que no debe considerarse una base de facto suficientemente sólida. Sin embargo, en el 74% de las empresas, este MPC está disponible las 24 horas del día para toda la organización, lo que en sí mismo es muy positivo en términos de transparencia. El problema, no obstante, es que en la mayoría de los casos los MPL existentes, que tienen menos de 10 páginas, no proporcionan una explicación de procedimientos clara y fiable, especialmente porque sólo una cuarta parte de estos MPL contienen plazos de entrega claros y coordinados. Esta situación genera que los clientes internos hagan envíos de órdenes de trabajo imprecisas e inoportunas al área de marketing.

Si ha instalado con éxito y de forma rigurosa las descripciones de los puestos de trabajo, entonces se ha puesto al día con la mayoría de sus colegas, ya que actualmente alrededor del 42% de todos los departamentos de marketing ya tienen esas descripciones desarrolladas. Sin embargo, el trigo se separa de la paja cuando se trata de utilizar estos importantes documentos, ya que la mitad de los mercadólogos B2B no actualizan estas descripciones de trabajo ni siquiera una vez al año. Dada la dinámica actual del marketing B2B y los cambios que se están produciendo en el mundo, esto sugiere que los comercializadores B2B parecen ser cada vez más dependientes del mercado. Esto también puede verse en el hecho de que no hay (casi) ningún anuncio de empleo en Internet de empresas B2B que se centre en los nuevos campos de actividad del marketing B2B, como el Director de Éxito de Canal, el Director de Rendimiento de Marketing, el Analista de Campañas, el Director de Inteligencia Predictiva, el Arquitecto MarTech o el Director de Operaciones de MarTech.

---

[35] Véase también el capítulo sobre la Evaluación de la Preparación para el Marketing en este Essential.
[36] Como revista comercial para los mercadólogos B2B, Marconomy (https://www.marconomy.de) cubre las necesidades de información profesional de los directores de marketing, comunicación y ventas de las empresas industriales y tecnológicas. Con ejemplos prácticos y directrices, ayuda a dominar los retos profesionales específicos e informa sobre las tendencias relevantes de marketing B2B.

3.2   Marketing bidireccional reactivo

Esta etapa se caracteriza por el intercambio ya establecido entre el área de marketing y los respectivos clientes internos. La consecución de los tres pasos descritos en la primera etapa da lugar a una transparencia cada vez mayor del departamento de marketing en lo que respecta a los procesos, sus plazos y tiempos de entrega. El proceso de documentación de las actividades de marketing ilustra claramente cómo funciona la comercialización y qué actividades individuales deben realizarse en determinadas áreas. Esto conduce al hecho de que los colegas técnicos de otros departamentos aprendan y puedan entender lo que antes se les presentaba como en una caja negra. En este sentido, los colegas no tienen la culpa, porque en el contexto de los estudios y de la formación técnica no se enseña nada o muy poco sobre economía y comercialización. El área de marketing, por lo tanto, tiene que cumplir con su obligación de poner sobre la mesa los documentos mencionados, para que todo el proceso de la comercialización y las actividades asociadas sean transparentes y comprensibles. Esto es crucial para poder trabajar eficiente y eficazmente con los clientes internos.

Es crucial que esta etapa del modelo de madurez funcione estrictamente de acuerdo con las estructuras definidas. Como gerente, debe apoyar a todo el equipo en este sentido, especialmente si los colegas tratan de socavar o ignorar dichas estructuras. No hay nada más fácil que enviar las solicitudes específicas de información a marketing demasiado tarde, ignorando los plazos y tiempos de entrega definidos, para entonces quejarse de que el área especializada de marketing no está entregando a tiempo. Y es como el Amén en la oración, estas encrucijadas sucederán porque los cambios en el marketing tienen consecuencias para toda la organización. Lo bueno de todo esto es que esta situación en el desarrollo del modelo de madurez es predecible y muy probablemente esta problemática sucederá. Por lo tanto, cuando se anticipan estos rebotes, se estará a la cabeza de la organización en el liderazgo hacia la siguiente etapa del modelo de madurez.

Como siempre, es importante mostrar buena voluntad y apoyar a los colegas. En esta fase se pueden aplicar las conclusiones del enfoque de *Template based Management* de Seebacher (2021). Estas plantillas facilitan la estructuración de la información que se requiere de los clientes internos y así se simplifica el trabajo de los colegas que trabajan para usted, ya sea de ventas, de gestión de productos o incluso de investigación y desarrollo. Además, estas plantillas agilizan los procesos de trabajo, lo que a su vez redunda en beneficio de todas las personas y departamentos implicados, ya que se pueden ahorrar reuniones y explicaciones innecesarias, dado que las buenas plantillas se explican por sí solas.

3.2.1   Inteligencia de negocios

En esta fase también se debe tratar el tema de la gestión de datos. Lo ideal sería empezar con esto en la primera fase del modelo de madurez, pero la experiencia ha demostrado que, en la primera fase, la proverbial "lucha contra la corriente", en el sentido de un procesamiento caótico de las solicitudes imprecisas y atrasadas en tiempos, suele tener como consecuencia que no se disponga aún de las capacidades correspondientes de Inteligencia de Negocios (BI por sus siglas en inglés *Business Intelligence*)[37]. Por esta razón debe poner este tema en su agenda lo antes posible. Se trata de poder satisfacer la demanda de disponer siempre de datos actuales y válidos para las áreas correspondientes. Sobre todo, se trata de datos del mercado, datos de clientes y datos de la competencia, así como de los grandes proyectos y licitaciones. En pos del aumento del valor agregado interno en el ámbito de la comercialización, el objetivo debe ser tener cada vez menor dependencia de estudios caros, adquiridos externamente, que en la mayoría de los casos no proporcionan datos válidos y fiables para la compañía en cuestión.

> Confrontación con la realidad: En el marco de uno de mis proyectos, pudimos identificar errores en los modelos de las bases de datos industriales compradas después de poco tiempo, considerando un enfoque OLAP, con el cubo de datos multidimensional desarrollado en la empresa (OLAP por sus siglas en inglés *Online Analytical Processing*). Esto fue posible porque habíamos determinado la metodología de extrapolación de los proveedores de la base de datos con nuestros algoritmos por lo que detectamos errores de cálculo cruciales en los datos adquiridos mediante un análisis de divergencia. Esto fue fundamental, ya que los pronósticos para el sector industrial pertinente eran demasiado positivos, lo que había distorsionado el propio desarrollo comercial de la unidad respectiva de la empresa.

Su departamento debe ser el centro de datos. Sólo podrá hacer esto si construye esta competencia de marketing en la empresa en el largo plazo. Strohmeier (2020) describe con gran detalle en un reciente estudio de caso de la industria en la *Guía de Marketing B2B* acerca de cómo es posible hacer esto sin realizar grandes inversiones y sin contar con proveedores de servicios externos (Seebacher, 2021).

3.2.2   Monitoreo de las actividades de marketing

La Librería de Procesos de Marketing (MPL) hace este proceso de monitoreo transparente. También debe impulsar que esta base de datos de procesos sea accesible a todos sus clientes internos, por ejemplo, a través de la intranet, y comunicarlo de forma intensiva y repetida. La transparencia crea confianza. Puede ganar aún más confianza si muestra a sus clientes y a su gerente que está trabajando estrictamente según las estructuras definidas y, además, que está trabajando al 100% dentro o

---

[37] https://en.wikipedia.org/wiki/Business_intelligence. Obtenido en línea el 16 de mayo de 2020.

incluso por debajo del presupuesto y que siempre está cumpliendo con los plazos al más alto nivel. Como un *Top Performer* de Marketing B2B, usted y su equipo, reducirán continuamente el presupuesto definido en un 10 - 20 % y se posicionará en consecuencia en los lugares adecuados. Podrá ahorrar al menos entre el 30 y el 40 % de los costes aumentando la transparencia, también en lo que respecta a la compra de servicios.

Después de todo, el monitoreo de las actividades de marketing debe y permite medir no sólo su propio rendimiento en términos de actividades, costos y conversiones, sino también el rendimiento de sus proveedores, como los socios de los medios de comunicación. Si sigue eficientemente su camino hacia la excelencia en la comercialización industrial a través del modelo de madurez del marketing, se dará cuenta rápidamente de que está mucho más adelantado que sus competidores en términos de socios de medios de comunicación en las áreas de grupos objetivo, a veces de muy alto nivel, y muy rápidamente tendrá datos y cifras mucho mejores y más válidas sobre las conversiones de los anuncios, banners y otras actividades tácticas de publicidad y marketing en las plataformas respectivas. Por lo tanto, será posible transformar la organización y la manera en la que se hacen las cosas. De repente será el conductor del vehículo de dicha transformación.

Confrontación con la realidad: Con la información adecuada estará perfectamente equipado para enfrentar negociaciones difíciles en la compra de espacios publicitarios. Con la experiencia adecuada, los principales profesionales del marketing B2B han conseguido ahorros en la compra de medios de hasta un 60% en descuentos, basándose en el método descrito en este libro y en sus herramientas y medios asociados.

Una vez más, hay que mencionar que el monitoreo de marketing no requiere inversiones o soluciones informáticas propias. Es mucho más importante pensar junto con el equipo sobre qué datos pueden generarse y documentar cómo y dónde se obtienen en relación con una amplia y creciente vigilancia de la actividad comercial. No cometa el error de dirigirse a su gerente con la idea de solicitar fondos o recursos para el establecimiento de estos procesos de vigilancia y monitoreo. El cambio siempre comienza con su propia tarea. En este contexto, esto significa que usted comienza a estructurar y diseñar el monitoreo a pequeña escala, la mapea por primera vez con instrumentos existentes como Microsoft Excel y valida y optimiza los datos internamente, y sólo al final posiciona y difunde esta información dentro de su organización cuando se presenta la oportunidad.

Consejo: Una vez que haya establecido el MPL, genere un pequeño reporte usando Google Analytics[38]. Si no tiene experiencia en esto, podrá encontrar

---

[38] https://analytics.google.com/analytics/web/provision/#/provision. Obtenido en línea el 19 de mayo de 2020.

incontables videos tutoriales de libre acceso en Internet. Cuanto antes empiece, más rápido podrá exponer a los socios de los medios de comunicación que no están generando resultados, para esto deberá rastrear con *Google Analytics* las diversas fuentes desde las que los visitantes llegan a su sitio web. Crear una pequeña tabla de Excel para comparar las conversiones de los socios de los medios de comunicación y el desarrollo de su rendimiento le ayudará a identificar los mejores sitios para posicionar su publicidad. Actualice esta tabla cada seis meses. No se deje deslumbrar más por los planes de medios deslumbrantes, recuerde que "no todo lo que brilla es oro". Hable con su proveedor de medios o con el vendedor específico sobre el precio de mil contactos (CPM) y compárelo con el rendimiento en su plataforma[39]. ¡No le muestre a los proveedores su hoja de cálculo de rendimiento!

Position	Web Sessions	Bounce Rate	Pages/Session	Avg. Session Duration
	-	-	-	-
	24	33%	3.35	00:04:26
	1	0%	2	00:00:27
	-	-	-	-
	169	71%	2.24	00:02:15
	28	66%	1.77	00:01:04
	39	27%	5.75	00:04:25
	-	-	-	-
	17	70%	2	00:01:02
	20	59%	3	00:02:53
	63	30%	4.15	00:04:30
	3	60%	1.4	00:00:23
	312	31%	3.69	00:03:06
	448	28%	4.23	00:04:55
	125	18%	4.22	00:01:55
	Google Analytics Benchmarks			
Benchmark 1 - Referral Traffic	4496	43%	3.13	00:02:44
Benchmark 2 - All Traffic	47064	38%	3.65	00:03:33
Benchmark 3 - Google Analytic	-	53%	3.01	00:002:57

Fig. 3   Ejemplo de un cuadro de rendimiento en línea

3.2.3   La accesibilidad de la comercialización

La tercera área crucial en esta fase es la accesibilidad sin compromisos para sus clientes internos. Sea proactivo y muestre presencia. Posicione al marketing como un socio fiable. Ubique a su departamento y a su equipo como un compañero fiable y bien posicionado, que estará encantado de involucrarse en nuevos proyectos en una fase temprana, ya que siempre busca ofrecer una aportación bien pensada y relevante. El cambio necesario de percepción para esto no ocurre de la noche a la mañana, sino que es lento pero constante. Dé la vuelta a la situación. En la mayoría de las organizaciones, la gente trata de alejar el trabajo de sí misma y siempre busca la responsabilidad en los demás.

---

[39] https://de.wikipedia.org/wiki/Tausend-Kontakt-Preis. Obtenido en línea el 19 de mayo de 2020.

Tómese muy en serio las críticas constructivas. Con la ayuda de las herramientas y métodos descritos anteriormente, le será fácil reconocer dónde y por qué han ocurrido los errores. Si se percata que el área a su cargo es responsable de ellas, debe reflejar y revisar los procesos, plazos o plantillas correspondientes. Es crucial analizar los errores metódica y estructuralmente, para definir e implementar medidas apropiadas para su optimización. Sin embargo, también debe protegerse a sí mismo y a su equipo de la culpa generalizada y sin fundamento. Párese frente a su equipo con entereza y no se deje caer, como lo hacen muchos gerentes débiles. El máximo rendimiento sólo será posible si se trabaja en el marketing de forma coordinada y transparente, porque entonces cualquier revés que se presente no afectará el plan y las actividades que se deseen ejecutar.

3.2.4   Comprobación de hechos

Según el Estudio de Preparación para la Comercialización 2020[40], la mitad de los comercializadores B2B no tienen actualmente ninguna autoridad sobre la Inteligencia de Mercados y Negocios (MI/BI, por sus siglas en inglés *Market Intelligence / Business Intelligence*). Así mismo, un tercio de los encuestados ni siquiera saben en qué lugar de la empresa se encuentran estos temas tan importantes. Sin embargo, es interesante observar que el 75% de los mercadólogos B2B declaran que alguien de la organización les pregunta sobre MI/BI o datos al menos una vez al mes. En el 28% de los casos el tema se encuentra en el área de ventas y en dos tercios de las empresas ni en las ventas ni en el área de marketing. Sin embargo, el 50% de los comercializadores B2B afirman ser responsables del tema de la estrategia y al 34% de los comercializadores se les pregunta sobre temas estratégicos al menos una vez al mes, el 19,8% una vez a la semana y el 12,6% incluso varias veces a la semana - y todo esto sin tener la soberanía sobre el MI/BI, lo cual resulta muy negativo, sobre todo si no se sabe cómo se generan los datos y cuán válidos son. ¿Le gustaría montar un caballo que alguien más ha entrenado y que no conoce? ¿O quiere vender un producto que no conoce? Muchos mercadólogos B2B se ponen en marcha aquí utilizando los datos de MI/BI para cuestiones estratégicas relevantes para los negocios y en la mayoría de los casos (50%) ni siquiera saben quién proporciona esta información en la organización.

Pero parece que hay otro "punto caliente" en el desarrollo de los negocios, y es que en dos tercios de las empresas el área de MI/BI no está en el departamento de marketing e incluso en el 60% de las empresas no está en las ventas en sí, sino en otro departamento. A pesar de ello, se contacta con los mercadólogos B2B al menos una vez al mes en el 42% de los casos, una vez a la semana en el 14,5% de los casos, y el mismo número varias veces a la semana sobre los aspectos y el apoyo del desarrollo empresarial - y eso a pesar de que no tienen ningún control sobre los datos (MI/BI) o el tema del desarrollo empresarial.

[40] Diseño y evaluación del estudio por Uwe Seebacher y la aplicación por Marconomy, Würzburg.

En resumen, el marketing B2B se pregunta por las cosas y los temas adecuados, pero no tiene ni la responsabilidad ni la soberanía sobre la infraestructura o los procesos responsables de ella. También sucede que las actividades de marketing están cubiertas con un trabajo que nadie más puede o quiere hacer. En estos casos, el perdedor es el marketing y, a largo plazo, la propia empresa.

3.3   Comercialización interactiva

La etapa de comercialización interactiva implica el marketing que está en constante intercambio e interacción en igualdad de condiciones con los correspondientes clientes internos. La comunicación tiene lugar en ambas direcciones, y la comercialización ya se acerca a los respectivos grupos de clientes de forma proactiva. La mayor parte de la comunicación tiene lugar naturalmente con las ventas y las ventas operativas (alrededor del 60% de la comunicación tiene lugar con las ventas, el 40% restante se divide entre la comercialización de productos, si no forma parte ya del área de marketing, y las áreas de la tecnología, como la investigación, el desarrollo y la gestión de la innovación). En esta etapa del modelo de madurez del marketing, la integración de la comercialización ya se considera natural. Sin embargo, ésta también da continuamente nuevos impulsos para poner a disposición de la empresa, paso a paso y cada vez más, el potencial del marketing de los productos industriales modernos.

3.3.1   Automatización de los procesos de marketing

A fin de ganar aún más tiempo para el desarrollo ulterior del departamento de marketing, y también para desarrollar el necesario trabajo conceptual y creativo interno, es ahora crucial centrarse en la automatización de procesos y actividades repetitivas. Esto implica que se debe estudiar el tema de la automatización del marketing con seriedad y continuidad[41]. Se trata principalmente de una decisión estratégica (Mrohs, 2020) relativa a la futura infraestructura de la tecnología del marketing. Antes de abordar a las Tecnologías de la Información (TI) en este contexto, primero se debe tener una imagen clara de lo que tiene sentido para usted en relación con los procesos de marketing. Los puntos de partida para una imagen clara de la futura estructura de MarTech son, en cualquier caso, un sistema de planificación de recursos empresariales (ERP) y uno para la gestión de las relaciones con los clientes (CRM) normalmente ya existentes en la empresa (tal y como lo presenta el veterano de TI de renombre internacional Peter O'Neill en el podcast de marketing B2B[42]). A largo plazo[43], los dos sistemas mencionados serán las fuentes pertinentes de información sobre los clientes y las interacciones con los mismos, pero también sobre las transacciones en el sentido de los pedidos y las mercancías entregadas.

---

[41] https://en.wikipedia.org/wiki/Marketing_automation. Obtenido en línea el 16 de mayo de 2020.

[42] http://marchnata.eu/. Obtenido en línea el 16 de mayo de 2020.

[43] https://podcasts.apple.com/at/podcast/martech-8000-how-to-survive-in-jurassic-parc-dazz-ling/id1511875534?i=1000474606807?i=1000474606807. Obtenido en línea el 16 de mayo de 2020.

Con respecto al tema de la automatización de los procesos de marketing (Klaus, 2020) naturalmente se trabajará intensamente con el departamento de IT. Es crucial que sólo entregue análisis de los posibles productos con claridad y preparar los mismos con la mayor precisión posible. De la misma forma, deberá describir con mucha claridad las consideraciones de eficiencias económicas que acompañan al departamento de TI cuando se prepare la adquisición y/o la licencia de las soluciones de MarTech. Aproveche esta oportunidad para posicionarse como un colaborador claro y fiable también para el área de TI. Cuanto más avance en el modelo de madurez del marketing de bienes industriales, más se tomará forma su trabajo por y con las aplicaciones de MarTech (Seebacher, 2021). En cuanto a la tecnología de sistemas, el departamento de TI tiene claramente la soberanía en este sentido, pero la responsabilidad del contenido debe ser suya, por lo que debe tener un entendimiento extremadamente claro y cercano con sus colegas de TI. Hay muchas buenas fuentes diferentes en Internet para mantenerse al día en esta área cada vez más importante de MarTech, tales como

- https://www.the-cma.org/about/blog/learning-martech
- https://martechtoday.com/library/what-is-martech
- https://www.dummies.com/business/marketing/building-martech-stack/
- https://www.reputation.com/de/resources/blog/building-a-martech-stack/

3.3.2   Gestión del cambio

Como se mencionó al principio, el propio desarrollo a lo largo del modelo de madurez del marketing también está estrechamente ligado con el cambio de paradigma de toda la organización. Por lo tanto, como gerente moderno de marketing B2B, también debe ser consciente del papel de liderazgo requerido para este cambio y conocer los mecanismos involucrados. Todas sus acciones siempre deberán ser dirigidas hacia la gestión del cambio[44]. Su objetivo debe ser buscar siempre colegas en el departamento respectivo que sean capaces de trabajar en coordinación con usted para poder dar el siguiente paso en el proceso de cambio sin mucha resistencia. Esos colegas son aquéllos que tienen una posición adecuada y en la mayoría de los casos deben ser competentes. Por lo tanto, siempre tenga en cuenta que:

- El 20% de los empleados de su organización están siempre abiertos al cambio,
- El 60 % son neutrales ante un cambio y pueden ser ganados con los correspondientes argumentos, pero,
- el 20% restante en principio rechazarán los cambios y por lo tanto sólo significarán una amenaza para usted y le quitarán su tiempo.

Otro factor importante para tomar en cuenta en la gestión del cambio es el principio de "Dar el ejemplo" (*Walk the Talk*). Como un exitoso gerente de marketing B2B, debe trabajar en igualdad de condiciones con sus colegas. Pero esto también significa que usted, como todos sus otros colegas, debe ser medible en términos de sus

---

[44] https://en.wikipedia.org/wiki/Change_management. Obtenido el16 de mayo de 2020.

actividades, no sólo cualitativamente por medio de "imágenes coloridas", sino también cuantitativamente, esto es, con datos comprobables y objetivos. Además, la finalidad de su actividad en este sentido debe ahorrar en cualquier oportunidad que se presente. Esto significa que hay que alejarse de la mentalidad de que hay que esforzarse continuamente para ejercer hasta el último centavo del presupuesto de marketing que se le ha concedido, con la premisa de que, de lo contrario, el presupuesto del año siguiente será correspondientemente menor por la parte no fue ejercida.

Tanto en términos de conciencia de los costos como en términos de orientación al rendimiento y habilidades de liderazgo (Seebacher y Klaus, 2004) debe ser auténtico y confiable. Los buenos gerentes motivan a sus empleados desde su propio interior, mientras que los gerentes tradicionales literalmente encienden el fuego en las sillas de sus empleados. Es importante establecer un buen y auténtico ejemplo que pueda admitir y aceptar errores y mostrar cómo el nuevo marketing B2B puede contribuir al éxito sostenible de los negocios de una manera segura, orientada a los objetivos y proactiva con una fuerte conciencia de los costos.

En esta fase, la esfera de influencia del área de marketing se ampliará significativamente. Es necesario que se dé tiempo para una reflexión continua sobre el cambio de percepción del área en la organización. Intente identificar los posibles puntos problemáticos desde el principio, pero también identifique a los encubridores incompetentes, así como a los "comedores de tiempo" en la organización. Debe protegerse a sí mismo y a su equipo de estos colegas sin comprometerse. Porque cuanto más se arraigue el nuevo marketing B2B, más tendrá que tratar con colegas que deseen aprovechar su forma estructurada de trabajar. Tratarán de volcar sus propias tareas en el marketing para poder adornarse con los resultados externos.

Consejo: Una receta muy simple para detectar a los "comedores de tiempo" es por ejemplo:

- Cada vez que se encuentre con uno de estos colegas en el pasillo, parecerá que tiene un tiempo interminable para charlar, aunque "una reunión inmensamente importante esté esperando".
- En las conversaciones, el tiempo en que el colega habla significa entre el 70% y el 80% del total del tiempo de la conversación y no hace ninguna referencia a lo que usted ha dicho.
- Cuando se anuncian las citas, normalmente no hay una agenda u objetivo claro.
- Si se habla con esos colegas durante cinco horas o una reunión de una hora se extiende innecesariamente a cinco horas y no sabe de qué se habló realmente.

3.3.3   Inteligencia predictiva

En esta fase, lo más importante de su agenda debe ser el desarrollo de la Inteligencia de Negocios en dirección de la Inteligencia Predictiva[45]. Una vez más, en este caso no es necesario hacer ninguna inversión o invocar una solución de un proveedor externo. Muchos estudios diferentes han demostrado que, si se trabaja siguiendo las líneas del modelo de proceso presentado en este libro, se puede llevar a cabo una acumulación de conocimientos paso a paso de forma mucho más eficiente y eficaz sin tener que comprar una solución externa a un precio elevado. El aumento constante de solicitudes de análisis e investigación refleja el éxito en esta área temática de la organización. Además, el tiempo de tramitación de cada solicitud debe reducirse continuamente. No se olvide de documentar las consultas en el marco del monitoreo de marketing con la fecha de recepción, el tiempo de tramitación, la fecha de entrega al cliente interno y también la información solicitada con respecto a los criterios relacionados con el proceso y el contenido. Esta retroalimentación debe obtenerse automáticamente por escrito directamente después de la entrega del resultado respectivo.

Consejo: Si se pregunta por qué ese control debe hacerse como un control de retroalimentación continuo, imagine el peor de los casos: Su jefe cuestiona la compra de bases de datos y todo el asunto del MI/BI. Si ahora se puede demostrar que el número de consultas aumenta continuamente, el tiempo de respuesta es cada vez más corto y, además, la reacción de los colegas de gestión de productos o de ventas es unánimemente muy positiva, entonces cualquier otra discusión será prácticamente innecesaria. Si usted puede enviar esta retroalimentación a su supervisor en pocos minutos -dado que usted documenta todo continuamente y con poco esfuerzo- por correo electrónico en forma de cuatro diapositivas de PowerPoint (página 1: portada, página 2: Desarrollo del número de consultas, página 3: Visión general de la disminución del tiempo medio de procesamiento o del período comprendido entre la recepción de la consulta y la transmisión de la evaluación, página 4: Capturas de pantalla de las diversas retroalimentaciones), podrá demostrar que usted tiene sus actividades de negocio bajo control.

Otro paso importante es el suministro de Tableros de Inteligencia[46] a través de la intranet de la compañía en cuestión (accesible 24 horas al día, 7 días a la semana). De esta manera, los que requieran información dentro de la organización podrán acceder a los datos más recientes, de forma independiente de usted. Esto minimizará su carga de trabajo, ya que usted o sus empleados ya no tendrán que crear un informe

---

[45] https://www.marconomy.de/marketing-der-zukunft-kennen-sie-schon-predictive- intelligence-a-920935. Obtenido en línea el 16 de mayo de 2020.

[46] https://www.google.com/search?sxsrf=ALeKk02tkWIQ9S2at2ULHGVD22Oawz2Ypw: 1589631182002&source=univ&tbm=isch&q=intelligence+dashboards_Obtenido en línea el 16 de mayo de 2020.

o estudio para cada solicitud. En este sentido, será posible, consecuentemente, desarrollar el área de marketing atendiendo solamente solicitudes de investigación especiales y específicas, más complejas, y realizar todas las demás consultas e investigaciones de datos de mercado relevantes usted mismo directamente a través del Tablero de Inteligencia.

3.3.4   Comprobación de hechos

El último estudio sobre la preparación para el marketing muestra que sólo el 17% de los departamentos de marketing B2B tienen o utilizan indicadores clave de rendimiento (KPI por sus siglas en inglés *Key Performance Indicators*) claramente definidos. Esto significa que alrededor del 80% de los mercadólogos del sector de los bienes industriales no pueden proporcionar pruebas concluyentes de su rendimiento y cumplimiento de los objetivos. ¿Cómo puede un departamento que no cumple de forma demostrable sus propios objetivos ser capaz de hacer una contribución sostenible con éxito en la empresa? Simplemente minimizando los costos de este departamento, porque los costos se convierten en el único objetivo tangible debido a la falta de métodos de medición. En este contexto, también queda claro por qué el marketing es y será siempre el juguete de los otros departamentos si esta problemática no se resuelve.

Esto también se confirma por el hecho de que sólo el 23,7% de los mercadólogos B2B indican que alcanzarán los objetivos definidos. ¡El 10% de todos los responsables de ventas ni siquiera lo saben! El 54% de los departamentos de marketing del sector industrial no tienen aún ningún KPI sobre la recepción de pedidos o las ventas. Sólo alrededor de un tercio ya tiene tales objetivos orientados a las ventas y el 11,4% está completamente a oscuras y ni siquiera lo sabe. Sin embargo, los mercadólogos B2B tendrían todas las cartas en la mano, ya que el 60% de ellos están regularmente presentes en las reuniones de gestión, donde podrían informar sobre la labor y la evolución del departamento. Lamentablemente, ni siquiera la mitad de los directores de marketing hacen uso de todo esto, a saber, sólo el 44%. Aquéllos que lo hacen tienen "la pelota en su campo", lo que significa una inmejorable situación para su departamento.

3.4   Marketing analítico proactivo

En esta etapa del modelo, el área de marketing se ha consolidado como un departamento de valor añadido y se ha alejado de la imagen del departamento de producción de folletos y organización de eventos. Todos los días hay nuevas y excitantes actividades esperándolo. La clásica "lucha contra la corriente" sólo ocurrirá en los casos más raros. Por el contrario, como un mercadólogo B2B usted está ahora en control y puede desarrollar y dar forma proactivamente no sólo al departamento de marketing sino también a toda la empresa. Desde el área de mercadotecnia se ponen en marcha cada vez más impulsos interesantes en la organización para explotar mejor y de manera intensiva el inmenso potencial del marketing B2B, el Big Data, la Inteligencia de Cliente 360°, hasta la Orquestación de Marketing e Inteligencia Predictiva. A partir de las investigaciones iniciales sobre la evolución del mercado, las estadísticas y los datos sobre los competidores, han surgido entretanto análisis de rentabilidad de nuevos productos, nuevas regiones o mercados, o incluso la concepción de la optimización a corto plazo del capital de explotación neto (NWC por sus siglas en inglés *Net Working Capital*) o ejemplos similares.

El área de marketing participa ahora activamente en el diseño empresarial y estratégico[47], como lo sugiere Alex Cairns (2021[48]) con su innovador modelo de estrategia de comercialización B2B. En el marco de la comercialización del rendimiento (Bauer et al., 2016), el marketing se preocupa cada vez más por el análisis transparente y continuo de las actividades externas e internas. El departamento de mercadotecnia desarrolla la tan importante Inteligencia Organizacional[49] a partir del BI con sus datos de mercado, económicos y geopolíticos, información sobre la competencia, los proyectos y los clientes. De esta manera, se crea esta manera completamente nueva de inteligencia en la convergencia de los datos propios de la empresa. A partir de todos éstos se crea una visión de 360° para diseñar y establecer campañas optimizadas con antelación.

Cada vez más, el marketing está impulsando a toda la organización en un sentido positivo y contribuye de manera significativa y medible a la consecución de los objetivos de negocio y al éxito de la empresa en general. Sus propias acciones se miden por medio del Retorno de la Inversión en Marketing (MRoI, por sus siglas en inglés *Marketing Return on Investment*) (Seebacher & Guepner, 2011), optimizándolas continuamente. A medida que aumenta el volumen de datos, su calidad y las previsiones basadas en ellos se optimizan continuamente. Paralelamente, las capacidades en el área de marketing se estarán desarrollando aún más, de modo que la gama de temas para el apoyo de la comercialización crezca de manera constante. El área de mercadotecnia se ha convertido en un consultor interno, y el personal de comercialización es conocido por su competencia analítica y metodológica (Seebacher, 2003).

> Consejo: La cuarta etapa del modelo de madurez se caracteriza, pues, por una estricta continuidad de las actividades y la aplicación de los métodos de trabajo de las fases anteriores. Hay que tener cuidado de que la preparación del trabajo se base siempre en un modelo fundamental en cuanto al análisis y al método. La estructura, la metodología, la coherencia y el rigor son factores

---

[47] https://anchor.fm/dashboard/episode/ee3a11. Obtenido en línea el 16 de mayo de 2020.

[48] https://open.spotify.com/episode/5Nmmqf5lxNTQeZ9dfk8w8D. Obtenido en línea el 19 de mayo de 2020.

[49] https://en.wikipedia.org/wiki/Organizational_intelligence. Obtenido en línea el 16 de mayo de 2020.

tan importantes para el éxito como la comunicación, la información y la transparencia.

3.5   Marketing de Ganancias Predecibles

Alcanzar la última etapa probablemente sucederá de manera inconsciente, ya que será resultado de un largo y enriquecedor viaje de trabajo. No sólo el marketing, sino que toda la compañía ha cambiado. El área de mercadotecnia se ha convertido en un valioso proveedor de servicios internos, que participa en todas las reuniones de gestión pertinentes, pero también en nuevos proyectos e iniciativas desde el principio. La razón de ello es que, debido al enorme acervo de datos de las actividades de marketing, éstas pueden analizarse y evaluarse con gran precisión en lo que respecta a su potencial en términos de ventas y riesgos, así como de las inversiones necesarias. Llevar a cabo estas actividades analíticas-económicas básicas y fundamentales no puede ni debe ser tarea de los ingenieros de primera clase. Para cumplir este requisito es necesario pasar por las cinco etapas del modelo de madurez del marketing que aquí se describen, porque esas competencias requieren un complejo proceso de aprendizaje, que a su vez sólo puede llevarse a cabo de manera gradual.

El Marketing de Ganancias Predecibles (Seebacher, 2020) describe así un marketing de ventas impulsado por la previsión y el análisis, cuyo objetivo es hacer que todo sea medible en y sobre las ventas potenciales y generadas. El PPM asegura que, interna y externamente, todos los datos relevantes se recogen, almacenan, procesan de forma convergente y se ponen a disposición de cualquiera para su uso dentro de la infraestructura establecida de MarTech. El área de marketing ha desarrollado así la competencia para analizar y evaluar las múltiples dimensiones y fuentes de datos, a fin de poder preparar y tomar decisiones fiables operativas y estratégicas con la ayuda de estos datos para una división específica o para la empresa completa.

3.6   Resumen

En este artículo hemos descrito las cinco fases del modelo de madurez del marketing. Este modelo se basa en el reconocido modelo científico de aprendizaje organizativo de Argyris y Schön (1978) y fue desarrollado por Seebacher (2020). El Marketing de la nueva generación de B2B en la industria de Netflix sólo puede lograrse desarrollando un área de marketing según este modelo de manera secuencial a través de estos cinco niveles de madurez para establecer no sólo las cualidades y competencias necesarias sino también la autenticidad y la soberanía en la organización del área de marketing a largo plazo.

La Evaluación de la Preparación para el
Marketing (MRA) – El chequeo rápido para
el punto de partida

4

A continuación, se presenta la Evaluación de la Preparación para el Marketing (MRA por sus siglas en inglés *Marketing Readiness Assesment*) elaborada por Seebacher (2020). Esta evaluación le permitirá identificar rápidamente en qué fase del modelo de madurez del marketing presentado en este libro se encuentran usted y su departamento de mercadotecnia. Basándose en esta información, le será posible evaluar lo que requiere para empezar la transformación hacia el Marketing de Ganancias Predecibles. Por lo tanto, como siguiente paso, repase las preguntas individuales del MRA y marque la respuesta que aplique para usted. Al final de este capítulo, encontrará los puntos relevantes para cada opción de respuesta, que luego introducirá en la columna junto a su contestación. Al resumir, podrá entonces evaluar el desempeño respectivo en las diversas áreas temáticas del MRA y determinar el puntaje general para la organización de marketing en cuestión. Luego puede introducir estos valores en la Matriz de Preparación para el Marketing, la que ya hemos abordado en el estudio de MRA de mayo de 2020 realizado por Marconomy y el autor[50]. Una vez que haya introducido los valores para las áreas específicas, podrá ver inmediatamente en qué posición se encuentra en comparación con otras empresas B2B. El MRA evalúa cuatro áreas estructurales de las organizaciones de marketing y las presentamos a continuación.

4.1 Las cuatro áreas del MRA

Antes de comenzar el MRA, a continuación, se describen brevemente las cuatro dimensiones estructurales principales que se utilizan para evaluar el estado actual en términos del nivel de madurez de una organización de marketing B2B.

4.1.1 Estructura de marketing

El Índice de Estructura de marketing muestra los fundamentos esenciales para el crecimiento efectivo y exitoso en el marketing. Si el valor es bajo, debe trabajar urgentemente en su base estructural. ¡Eso significa, nada más y nada menos, la base

---

[50] https://www.marconomy.de/welchen-entwicklungsstand-hat-ihr-marketing-a-927719. Obtenido en línea el 16 de mayo de 2020.

del éxito en su actividad como mercadólogo! El índice ilustra su "librería de procesos de comercialización" (MPL), es decir, la documentación de los pasos de su proceso de marketing, y comprueba si las "funciones y responsabilidades" están definidas y con qué claridad. Le muestra qué elementos estructurales básicos están presentes y si éstos se están comunicando de forma transparente dentro de la empresa.

4.1.2   Relevancia del marketing

Este índice evalúa los tres elementos básicos: "Dataness", "Strategicness" y "Go-to-Marketness". Refleja el nivel de las capacidades y competencias del departamento de marketing (y finalmente de la empresa) así como su alcance dentro de la organización. Cuanto más alto sea su puntaje en términos de relevancia de marketing, más probable será que usted y su departamento consigan el crecimiento y el desarrollo requeridos.

4.1.3   Rendimiento del marketing

El tercer índice evalúa la organización de marketing en términos de rendimiento, transparencia y enfoque en el departamento de ventas, lo que cada vez adquiere mayor importancia. El "rendimiento de la comercialización" se define con objetivos departamentales claros y metas e indicadores de rendimiento (KPIs) vinculados. La evaluación "Transparencia de la comercialización" muestra cuán transparente es el establecimiento de la agenda del área de marketing dentro de la organización. La evaluación "Orientación de la comercialización y las ventas" se centra en la capacidad de definir requisitos específicos para las ventas, además de la comercialización, también muestra resultados concretos como la generación de clientes potenciales calificados por el área de marketing y ventas, así como los ingresos generados y los pedidos entrantes.

4.1.4   Posicionamiento del marketing

Este índice evalúa la vinculación del marketing con la alta gerencia. Esta conexión es esencial para asegurar que la comercialización se posicione como un socio relevante para toda la empresa y, en última instancia, un impulso hacia el cambio.

4.1.5   ¡Aquí vamos!

En la siguiente página encontrará las 30 preguntas sobre el MRA (Tabla 4.1). Repase cada pregunta individualmente y marque la opción de respuesta que corresponda en una de las cuatro columnas de respuesta. Cuando haya respondido a las 30 preguntas, vaya a la siguiente página y encuentre la cuadrícula de respuestas y la puntuación correspondiente a cada opción. Para cada pregunta, introduzca la puntuación asignada a su respuesta. Haga esto para las 30 preguntas. Siga las instrucciones de las siguientes páginas.

#	Preguntas	Responda aquí (por favor marque con una cruz)				Pts.
1	¿Tiene una documentación actualizada del proceso de comercialización	no sé	no	sí		
2	¿Cuántas páginas tiene la documentación del proceso de comercialización?	< 10	10	< 50		
3	¿Con qué frecuencia se actualiza este documento?	> una vez al año	una vez al año	continuamente		
4	¿Esta documentación, se encuentra disponible en línea 24/7 para todo el mundo?	no sé	no	sí		
5	¿Contiene esta documentación en plazos y calendarios claros?	no	en parte	sí		
6	¿Se ha compartido y comunicado esta documentación con toda la organización de ventas?	no sé	no	en parte	sí	
7	¿Cuenta con las descripciones de los puestos de trabajo para todo el equipo de marketing?	no sé	no	en parte	sí	
8	¿Con qué frecuencia se actualiza este documento?	> una vez al año	una vez al año	continuamente		
9	¿Se han puesto estas descripciones de puestos a disposición de toda la organización de ventas y se han comunicado con ella?	no sé	no	en parte	sí	
10	¿El tema de Inteligencia de Mercado (MI) y/o Inteligencia de Negocios (BI) se encuentra en el equipo/departamento de marketing?	no sé	no	sí		
11	Si la respuesta anterior es **NO**, ¿dónde se encuentra el asunto del MI/BI?	no sé	Distribución	otros departamentos.		
12	Si la respuesta es **SI**, ¿con qué frecuencia alguien del equipo de ventas pide apoyo de MI/BI?	no sé	una vez al mes	una vez a la semana	a menudo	
13	Si la respuesta es afirmativa, ¿la información del MI/BI está disponible en línea las 24 horas del día, los 7 días de la semana, de forma interactiva y a disposición del personal de ventas pertinente?	no sé	no	en parte	sí	
14	¿Depende la estrategia del equipo/departamento de marketing?	no sé	no	sí		
15	Si la respuesta anterior es **NO**, ¿dónde radica la estrategia del equipo/departamento de marketing?	no sé	Distribución	otros departamentos.		
16	Si la respuesta es **SI**, ¿con qué frecuencia alguien del equipo de ventas pide apoyo estratégico?	no sé	una vez al mes	una vez a la semana	a menudo	
17	¿El tema del desarrollo de negocios se encuentra en el equipo/departamento de marketing?	no sé	no	sí		
18	Si la respuesta anterior es **NO**, ¿dónde se encuentra el tema del desarrollo empresarial?	no sé	Distribución	otros departamentos.		
19	Si la respuesta es **SI**, ¿con qué frecuencia alguien del equipo de ventas pide apoyo para el desarrollo del negocio?	no sé	una vez al mes	una vez a la semana	a menudo	
20	¿Su equipo de marketing / departamento de marketing tiene una clara estrategia anual?	no sé	no	sí		
21	¿Su equipo de marketing/departamento de marketing tiene claros y medibles KPI/objetivos anuales?	no sé	no	sí		
22	¿Sus objetivos de marketing incluyen objetivos de venta directa o de entrada de pedidos?	no sé	no	sí		

23	¿Sus objetivos de marketing definen un cierto número de clientes potenciales califi-cados de marketing por mes?	no sé	no	sí	
24	¿Sus objetivos de marketing definen un cierto número de clientes potenciales cuali-ficados por mes?	no sé	no	sí	
25	¿Tiene un acuerdo de nivel de servicio de marketing de ventas acordado y aprobado?	no sé	no	sí	
26	¿Son los objetivos de su equipo de marke-ting/departamento de marketing accesibles las 24 horas del día y visibles para el resto de la organización pertinente?	no sé	no	sí	
27	¿Su marketing considera el seguimiento de todas las áreas de actividad con indicadores de rendimiento claramente definidos y váli-dos?	no sé	no	en parte	sí
28	¿Su equipo de marketing/departamento de marketing está regularmente representado en la reunión de dirección de la empresa o de-partamento en cuestión?	no sé	no	en parte	sí
29	¿Su equipo de marketing/departamento de marketing está regularmente representado en la reunión de dirección de la empresa o de-partamento en cuestión?	no sé	no	en parte	sí
30	¿Su equipo de marketing / departamento de marketing cumple con los objetivos defini-dos?	no sé	no	en parte	sí

Tabla 4.1 Evaluación de la Preparación para el Marketing (Seebacher, 2020)

La siguiente tabla (Tabla 4.2) muestra los puntos correspondientes para cada res-puesta. Ingrese el número respectivo en la fila para cada pregunta en la columna más a la derecha, que había dejado vacía en la Tabla 4.1.

No.	A1	A2	A3	A4	P1	P2	P3	P4
1	No sé	no	sí		0	0	2	
2	<10	10 a 50	>50		1	2	3	
3	> una vez al año	una vez al año	continuamente		1	2	3	
4	No sé	no	sí		0	0	2	
5	no	en parte	sí		0	1	2	
6	No sé	no	en parte	sí	0	0	1	2
7	No sé	no	en parte	sí	0	0	1	2
8	> una vez al año	una vez al año	continuamente		1	2	3	
9	No sé	no	en parte	sí	0	0	1	2
10	No sé	no	sí		0	1	2	
11	No sé	Distribución	otros departamen-tos.		0	0	1	
12	No sé	una vez al mes	una vez a la se-mana	a me-nudo	0	1	2	3
13	No sé	no	en parte	sí	0	0	1	2
14	No sé	no	sí		0	0	2	
15	No sé	Distribución	otros departamen-tos.		0	0	1	
16	No sé	una vez al mes	una vez a la se-mana	a me-nudo	0	1	2	3
17	No sé	no	sí		0	0	1	

18	No sé	Distribución	otros departamentos.		0	0	1	
19	No sé	una vez al mes	una vez a la semana	a menudo	0	1	2	3
20	No sé	no	sí		0	0	1	
21	No sé	no	sí		0	0	1	
22	No sé	no	sí		0	0	1	
23	No sé	no	sí		0	0	1	
24	No sé	no	sí		0	0	1	
25	No sé	no	sí		0	0	1	
26	No sé	no	sí		0	0	1	
27	No sé	no	en parte	sí	0	0	1	2
28	No sé	no	en parte	sí	0	0	1	2
29	No sé	no	en parte	sí	0	0	1	2
30	No sé	no	en parte	sí	0	0	1	2

Tabla 4.2   Cuadrícula para la Evaluación de la Preparación para el Marketing (Seebacher, 2021)

Ahora que tiene todos los puntos de cada pregunta, puede determinar los valores de cada área del MRA y por lo tanto su punto de partida.

En la siguiente tabla (Tabla 4.3) puede anotar sus puntos en los diferentes cuadrantes o sus subcategorías. El máximo número posible de puntos siempre será introducido con antelación. La conversión en porcentajes le da el valor indexado que necesita para la comprobación rápida de su rendimiento en comparación con la puntuación actual del MRA B2B.

El valor del primer cuadrante del MRA se refiere a los elementos estructurales básicos de comercialización. El valor de la MPL "Librería de procesos de comercialización" se calcula a partir de la suma de las preguntas 1 a 6, con un valor máximo de 14 puntos. El valor de "Funciones y responsabilidades" se calcula a partir de la suma de las preguntas 7 a 9, con lo que se puede alcanzar un valor máximo de 7 (100%). Juntos estos dos valores dan como resultado su estatus de "Estructuras de marketing", para las cuales se puede alcanzar un valor máximo de 21 (100%).

El segundo cuadrante "Relevancia de la comercialización" está estructurado en tres subcategorías, "Datos de comercialización" (suma de las preguntas 10 a 13, 100% = 8 puntos), "Estrategia de comercialización" (suma de las preguntas 14, 15 y 16, 100% = 6 puntos) y "Comercialización" (suma de las preguntas 17, 18 y 19, 100% = 5 puntos). Para esta área se ha alcanzado el 100 % si se calcula 19 puntos sumando sus respuestas.

El tercer cuadrante del MRA se refiere al "Rendimiento de la comercialización", que a su vez se compone de tres subcategorías. Éstas son "Rendimiento de la comercialización" (suma de las preguntas 27 y 30, 100% = 4 puntos), "Transparencia de la comercialización" (suma de las preguntas 20, 21 y 26, 100% = 3 puntos) y "Alineación de la comercialización y las ventas" (suma de las preguntas 22 a 25, 100% = 4 puntos). El mejor valor para el 100% en el área de "Marketing Performance" es por lo tanto 11 puntos. El cuarto cuadrante evalúa el "Posicionamiento de Marketing" dentro de la organización y resulta de la suma de los valores de las preguntas 28 y 29 (100% = 4 puntos).

Cuadrante	Subcategoría	Puntos	Puntos/ Cuadrante	MRA Puntos totales
Estructuras de Marketing	Librería del proceso de comercialización	__/14 __/100%	__/21 __/100%	__/55 __/100%
	Funciones y responsabilidades	__/7 __/100%		
Relevancia del Marketing	Marketing Dataness	__/8 __/100%	__/19 __/100%	
	Estrategia de marketing	__/6 __/100%		
	Go-To-Marketness	__/5 __/100%		
Rendimiento del Marketing	Rendimiento de la comercialización	__/4 __/100%	__/11 __/100%	
	Transparencia de la comercialización	__/3 __/100%		
	Alineación de marketing y ventas	__/4 __/100%		
Posicionamiento de Marketing		__/4 __/100%	__/4 __/100%	

Tabla 4.3   Cuadrícula de evaluación con los cuatro cuadrantes del MRA (Seebacher, 2020)

Puede llenar los puntos en el siguiente gráfico de araña de MRA (figura 4), que ya tiene la línea azul impresa con los resultados actuales de la Evaluación de la Preparación para el Marketing B2B de toda la industria (mayo 2020). Una vez que haya introducido sus propios valores obtenidos en los ejes correspondientes, podrá ver inmediatamente dónde se encuentra actualmente su organización de marketing evaluada en comparación con el promedio de la industria B2B.

Las cifras actuales muestran lo imperante que es la necesidad de que el marketing B2B se ponga al día. Con un valor total de 33,58%, la comercialización B2B se encuentra actualmente en el rango del nivel 1 y 2 del modelo de madurez de cinco niveles que hemos descrito aquí en el libro. Ésta es probablemente la principal razón por la que el prestigio del marketing B2B en las empresas es relativamente modesto. El hecho de que, en relación con la tan importante Librería de Procesos de Marketing (MPL), la puntuación sea la más baja, con sólo un 18,79%, ilustra la falta del necesario punto de partida estructural propuesto por nosotros. Un comercializador B2B que no conoce sus propios procesos en detalle, que no los documenta de forma limpia y que no trabaja continuamente en ellos, tendrá muchas dificultades para introducir un sistema de automatización de marketing de forma eficiente y eficaz y se beneficiará aún menos de él. El puntaje en el área de "Alineación de Mercadeo y Ventas" también es notablemente bajo (25.8%), en donde sólo se cumple alrededor

Fig. 4   Matriz de verificación rápida, que contiene las cifras de referencia obtenidas de la
industria (mayo de 2020) © Seebacher, 2020.

de un cuarto de los requisitos. Sin embargo, es precisamente esta alineación el factor decisivo para el éxito a largo plazo del marketing B2B. Sólo junto con los clientes internos y especialmente con el departamento de ventas será posible subir a largo plazo a los niveles más altos del modelo de madurez del marketing.

Hay mucho por hacer y las cifras actuales demuestran más que claramente que la pelota está en el campo de los comercializadores B2B. Es poco probable que la situación cambie por sí sola, porque cada uno es el arquitecto de su propia fortuna. Seguirse lamentando y quejándose de la falta de comprensión de la importancia del marketing en las empresas industriales toma tiempo y valiosa energía, sin embargo, la presión para cambiar está aumentando cada vez más. Como comercializador B2B, debe decidir por sí mismo qué camino quiere tomar, el de un fabricante de folletos y eventos itinerantes o el de un diseñador, impulsor proactivo y ejecutor del cambio y la innovación con la ambición inquebrantable de asumir activamente la responsabilidad del volumen de negocios y los beneficios que derivarán en el resultado de negocios de la empresa.

Conclusiones y panorama general

En este libro he señalado la situación en el campo de la nueva comercialización de los bienes industriales. He ilustrado por qué es evidente que actualmente se encuentra en una fase de cambio de paradigma. Debe quedar claro que esta transformación no puede suceder de la mano del gerente de marketing B2B solamente. Los retos de una industria en transformación como la de los bienes industriales sólo pueden ser enfrentados por la acción conjunta y coordinada de todos los participantes de las organizaciones. La necesaria gestión del cambio debe y sólo puede dirigirse desde las áreas de marketing B2B. Sólo la evolución del sector B2B en este sentido permitirá a las empresas conservadoras reposicionarse de manera sostenible dentro de la economía de Netflix. Esto requiere que los gerentes de B2B se reposicionen a sí mismos y a sus departamentos también. Lo anterior significa que los mercadólogos B2B deben entrenarse y desarrollarse de manera intensiva y constante. La posición de mercadotecnia en una compañía industrial ya no es un lugar de trabajo protegida y segura y menos aún un lugar para los que no demuestran rendimiento. Las empresas o los directivos que no son conscientes de esta situación no están al día y pronto enfrentarán amenazas fehacientes en su desarrollo.

Con estos antecedentes, he enumerado y descrito en este libro los términos más comunes e importantes actualmente. Sobre la base de estos términos, he esbozado el proceso de cambio en el marketing B2B utilizando el modelo de madurez del marketing en cinco etapas y he desarrollado y puesto en contexto los instrumentos y métodos correspondientes a cada etapa, así como las esferas temáticas pertinentes. También se prestó atención en abordar los desafíos y riesgos que surgen en las respectivas fases del modelo descrito. En términos muy concretos, he dado consejos y recomendaciones de acciones puntuales para evitar los riesgos y resolver los retos por venir.

En la última sección, le proporcioné la evaluación para la preparación para el marketing B2B (MRA). Con medios sencillos puede realizar inmediatamente un análisis con respecto al nivel actual de madurez de su respectiva área y organización. Con esta información, sabrá en qué posición se encuentra en comparación con otras empresas y dónde necesita tomar medidas concretas. Los cuatro cuadrantes de la MRA se relacionan con los términos y temas tratados en este libro, por lo que debería poder comenzar a implementar la metodología de manera inmediata.

Los avances en el campo del marketing B2B no perderán impulso. Las empresas que no se permitan sacar provecho del enorme potencial descrito en este libro se extinguirán, como lo describió Joel Harrison de B2B Marketing en Londres, así como en el Podcast de Marketing B2B[51]. Si después de un año se da cuenta de que, a pesar de la aplicación de los conocimientos y la experiencia de este libro en su actual empresa, no logra posicionar el marketing de forma sostenible en igualdad de condiciones con otros departamentos, entonces mi recomendación sería: busque un nuevo trabajo para estar seguro, porque sin los cambios necesarios, la empresa no existirá durante mucho más tiempo. Espero haberle podido ayudar con lo esencial y que haya disfrutado leyendo estas páginas. El contenido del libro se trabajará EN VIVO y de cerca con mayor profundidad y con muchos más detalles y ejemplos prácticos durante el seminario de dos días "El viaje de vendedor a la excelencia del marketing B2B"[52]. Estaré encantado de conocerle personalmente. También estoy disponible para usted directamente en cualquier momento para el intercambio, preguntas y apoyo. Por favor, escríbame a b2bmarketingguidebook@gmail.com. Espero tener noticias suyas.

---

[51] https://anchor.fm/dashboard/episode/edn1kd. Obtenido en línea el 16 de mayo de 2020.

[52] https://www.b2bseminare.de/alle-seminare/die-marketer-journey-zur-b2b-marketing-excellence. Obtenido en línea el 19 de mayo de 2020.

¿Qué puede llevarse de este *Essential?*

- Una visión general actual del campo dinámico del marketing de bienes industriales.
- El modelo de madurez del marketing que debe estar a su lado como guía y marco de referencia ante los retos y temas que se presenten en su día a día.
- Una evaluación para la preparación para el marketing eficaz y fácil de realizar, con la ayuda de la cual puede ver dónde se encuentra actualmente con su organización de marketing y dónde debe comenzar.
- Darse cuenta de que, como comercializador B2B, debe moldear activamente su propio futuro y el posicionamiento sostenible del marketing B2B.
- La necesidad de trabajar mucho más estrechamente con los clientes internos de la empresa en pie de igualdad.
- La comprensión de que, como comercializador B2B, debe capacitarse activamente.
- Una dirección de correo electrónico que siempre puede utilizar para ponerse en contacto conmigo.

Bibliografía

Argyris, Ch., Schön, D. (1978). Organizational Learning: Una teoría de la perspectiva de la acción. Massachusetts: Lectura

Bauer, T. y otros (2016). Marketing Performance: How Marketers Drive Profitable Growth. Nueva York: Wiley.

Buente, C. (2018). Inteligencia artificial - el futuro del marketing. Una guía práctica para los directores de marketing. Heidelberg: Springer.

Cairns, A. (2020). Estrategia de marketing B2B - Encontrar la aguja en el pajar. En: Seebacher, U. (2021). Marketing B2B - Una guía para el aula a la sala de juntas. Heidelberg: Springer.

Gust, M.; Kriz, W. Ch. (2004). Desarrollar la ética del liderazgo y la competencia del equipo. En: Seebacher, U. G.; Klaus, G. (2004). Manual de Desarrollo del Liderazgo - Teoría, Práctica y Estudios de Caso. Munich, Alemania: USP Publishing.

Klaus, L. (2020). Marketing Automation Implementation Process. En: Seebacher, U. (2021). Marketing B2B - Una guía para el aula a la sala de juntas. Heidelberg: Springer.

Kotler, P. y otros (2019). Lo básico del marketing. Nueva York: Estudios Pearson.

Mrohs, A. (2020). Customer Lifecycle-based Marketing Automation - A Strategic Approach. In: Seebacher, U. (2021). B2B Marketing - A Guidebook for the Classroom to the Boardroom. Heidelberg: Springer.

Negovan, M. (2020). The B2B Marketers 365 Day Journey to Industrial Marketing Excellence - An Mechanical and Plant Engineering Industry Case Study. En: Seebacher, U. G. (2021). B2B Marketing - A Guidebook for the Classroom to the Boardroom. Heidelberg: Springer.

Romero-Palma, M. (2020). Marketing Automation Implementation - An Industry Success Story. En: Seebacher, U. G. (2021). Marketing B2B - A Guidebook for the Classroom to the Boardroom. Heidelberg: Springer.

Reisert, R.; Biberston, R. (2017). Outbound Sales, No Fluff: Escrito por dos milenios que han vendido algo en esta década. Edición Kindle.

Seebacher, U. G. (2020). Template-based Management - A Guide for A Professional and Impactful Professional Practice. Heidelberg: Springer.

Seebacher, U. G.; Klaus, G. (2004). Manual de Desarrollo de la Gestión - Teoría, Práctica y Estudios de Caso. Munich, Alemania: USP Publishing.

Seebacher, U. G.; Guepner, A. (2011). Gestión de Recursos de Marketing - ¡Así es como los vendedores llegan a la cima! Munich, Alemania: USP Publishing.

Seebacher, U. G. (2020). B2B Marketing B2B – A Guidebook from the Classroom to the Boardroom. Heidelberg: Springer.

Seebacher, U. G. (2021). Predictive Intelligence for the Management. Heidelberg: Springer.

Seeberg, I.; Round, B. (2004). Liderazgo en el cambio. En: Seebacher, U. G.; Klaus, G. (2004). Manual de Desarrollo del Liderazgo - Teoría, Práctica y Estudios de Caso. Munich, Alemania: USP Publishing.

Strohmeier, L. (2020). Predictive Analytics and Intelligence - An Industry Case Study. En: Seebacher, U. (2021). B2B Marketing - A Guidebook for the Classroom to the Boardroom. Heidelberg: Springer.

Weinländer. M. (2020). Influencia corporativa y liderazgo de pensamiento en el B2B. En: Seebacher, U. G. (2020). Marketing B2B - Una guía para el aula a la sala de juntas. Heidelberg: Springer.

Wenger, St. (2020). Gestión exitosa del plomo. En: Seebacher, U. G. (2021). B2B Marketing - A Guidebook for the Classroom to the Boardroom. Heidelberg: Springer.

www.ingramcontent.com/pod-product-compliance
Lightning Source LLC
Chambersburg PA
CBHW070515220526
45467CB00002B/666